大展好書　好書大展
品嘗好書　冠群可期

血型系列
5

血型
與十二星座

許淑瑛　編著

品冠
文化出版社

大展好書　好書大展
品嘗好書　冠群可期

前　言

天上的星星會說話。

從遙遠宇宙的那一方傳來了訊息。自古以來，人們看到在黑暗中星辰的移動，就可以占卜自己的命運。皇帝的榮枯盛衰和國家的命運，都可以從星星的動態中去掌握。占星術在當時成為最先進的技術。

現在，占星的技術雖然沒有到達這地步，但是，在每天的生活中總是會感覺到用自己的能力無法解決的事情。這時候，就需要著眼於占卜的世界了。

在世界各地，從血型分類來看性格的書本非常多。這被當作日常生活中的潤滑劑，茶餘飯後的話題。

不論是星座占卜或血型占卜都能夠滿足人們的希望。

希望本書有助於各位讀者掌握自己的性格，度過幸福的日子。

目錄

前言……三
第一章　占卜使人幸福
了解本身的占星術……八
星辰的運行支配命運……八
從自己的性格了解未來……九
從星座和血型了解性格……一〇
占卜是使人幸福的道具……一〇
第二章　A血型的十二星座
女／白羊座……一二
男／白羊座……一五
女／金牛座……一八
男／金牛座……二一
女／雙子座……二四
男／雙子座……二七
女／巨蟹座……三一
男／巨蟹座……三三
女／獅子座……三六
男／獅子座……三九
女／處女座……四二
男／處女座……四五
女／天秤座……四八
男／天秤座……五一
女／天蠍座……五四
男／天蠍座……五七
女／射手座……六〇
男／射手座……六三
女／魔羯座……六六
男／魔羯座……六九
女／水瓶座……七二
男／水瓶座……七五
女／雙魚座……七八
男／雙魚座……八一

第三章　B血型的十二星座

女/白羊座……八六
男/白羊座……八九
女/金牛座……九二
男/金牛座……九五
女/雙子座……九八
男/雙子座……一〇一
女/巨蟹座……一〇四
男/巨蟹座……一〇七
女/獅子座……一一〇
男/獅子座……一一三
女/處女座……一一六
男/處女座……一一九
女/天秤座……一二二
男/天秤座……一二五
女/天蠍座……一二八
男/天蠍座……一三一
女/射手座……一三四
男/射手座……一三七
女/魔羯座……一四〇
男/魔羯座……一四三
女/水瓶座……一四六
男/水瓶座……一四九
女/雙魚座……一五二
男/雙魚座……一五六

第四章　O血型的十二星座

女/白羊座……一六〇
男/白羊座……一六三
女/金牛座……一六六
男/金牛座……一六九
女/雙子座……一七二
男/雙子座……一七五
女/巨蟹座……一七八
男/巨蟹座……一八一
女/獅子座……一八四
男/獅子座……一八七
女/處女座……一九〇
男/處女座……一九三

女／天秤座……一九六
男／天秤座……一九九
女／天蠍座……二〇二
男／天蠍座……二〇五
女／射手座……二〇八
男／射手座……二一一
女／魔羯座……二一四
男／魔羯座……二一七
女／水瓶座……二二〇
男／水瓶座……二二三
女／雙魚座……二二六
男／雙魚座……二二九

第五章 AB血型的十二星座

女／白羊座……二三四
男／白羊座……二三七
女／金牛座……二四〇
男／金牛座……二四三
女／雙子座……二四六
男／雙子座……二四九
女／巨蟹座……二五二
男／巨蟹座……二五五
女／獅子座……二五八
男／獅子座……二六一
女／處女座……二六四
男／處女座……二六七
女／天秤座……二七〇
男／天秤座……二七三
女／天蠍座……二七六
男／天蠍座……二七九
女／射手座……二八二
男／射手座……二八五
女／魔羯座……二八八
男／魔羯座……二九一
女／水瓶座……二九四
男／水瓶座……二九七
女／雙魚座……三〇〇
男／雙魚座……三〇三

第一章

占卜使人幸福

了解本身的占星術

希臘七賢之一的塔里斯為了觀察星辰，每天只看著天空。有一天他不小心跌到水溝裡去了，在他求助的時候，老婆對他說：

「你連自己的腳下都看不清楚，又怎麼能夠了解天上的事情呢？」

這眞是一段非常有趣的故事。天上星星的動向和人類的命運有著密切的關係。但是，就連塔里斯都沒有注意到自己會跌入水溝中。

相同地，占星術大大地支配了我們的性格和行動，卻無法告訴我們細微的事情。

細微的事情一定要由我們本身來思考，要由我們自己來決定。

占卜只是向你顯現一個方向性或指針，可以利用星星占卜來掌握大流向，但是對於細微的事情就需要自己加以裁量了。

塔里斯也說「了解你自己」，可見希臘哲學家都知道，了解自己是一件多麼不容易的事情。但是，藉由星座和血型的性格分類，有助於了解自己的性格和心情。

星辰的運行支配命運

在天上發生的事情在地上也會發生，天地之間的命運有如一條絲帶的連繫。大宇宙就是人類社會，而人類社會就是大宇宙。

星辰的運行會影響你的命運，同理，你的行爲也會影響星辰的運行。

身處於都市的霓虹燈海中，幾乎看不見星辰。但是如果到鄉下或山頂去，只要抬頭看看天空，就會發覺滿天的星辰和銀河流過天際。這時候，你會感覺到自己好像要被吸進去一般。

古代人觀察天空的動向，從星星的移動來掌握自己的命運。在古代社會中，天空的星辰有如月曆一般。

占星術早在西元前五世紀就已經有了，這是和近代的知識完全不同的另一體系。

從自己的性格了解未來

隨著科學技術的進步，「占星學」分爲以占卜爲主的「占星術」和以科學爲主的「天文學」。

然而，不論文明多麼地發達，人類都會很想知道自己的未來。

天氣預測也是預測未來的科學。占卜和預報是不一樣的，是預言本身的未來和人與人之間的關係，因此，基本上必須要掌握自己的性格。

人有適合與不適合，有相合性。人與人之間有「合得來的人」和「合不來的人」。

爲甚麼會出現這種情形呢？相信沒有一個人能夠非常詳細的回答。

這時候，可以藉由血型和星座來了解對方的性格或氣質，去掌握無法解釋的現象。

從星座和血型了解性格

星座和血型都代表性格的一部分，也是性格分類的一種。

性格是非常不可思議的，從某方面來看，是「非常認眞而誠實的人」，但是從另一方面來看，也是「缺乏融通性，太過死板的人」。

此外，也有自以爲的性格和他人所看見的性格完全不同的情形。如果請十個人來說你，也許會出現十種說法。

你本人所認爲的自己和別人眼中的你，往往會產生差異。

閱讀過本書之後，覺得和本身的性格不同的人，可以問問周圍的人的意見。

出乎意料之外的，也許你認爲和自己的性格不同，但是這也許是你眞正的性格。也許你認爲這種性格非常討厭，但是在別人眼中卻認爲是優點。

此外，性格也不是固定的，它會藉著你和他人的接觸或本人的意思而改變。

占卜是使人幸福的道具

占卜是一種諮商，一種治療和心靈手術。

占卜是引導人類往幸福之路邁進的道具。使人不幸的就不是占卜。請你透過本書來了解自己和對方的性格，築起更美好的人際關係。

第二章

A血型的十二星座

女

A血型

白羊座

3月21日～4月20日

與O型的金牛座
或處女座的男性
相合性佳

Arics

女 白羊座 性格

A型認眞的性格與白羊座溫和的性格正好維持平衡，予人爽朗的印象。

乍看之下非常謹愼，但是，其內在卻有屬於自己堅定的想法，另一方面內在非常熱情，想法也非常紮實。尊重對方的意見，但是也會堅持自己的意見直到最後，有其頑固的一面。

不服輸、好勝心強，會與他人競爭，有不考慮到他人的傾向。充滿自信的你如果多爲別人設想，更會搏得別人的好感。

女 白羊座 人際關係

彬彬有禮，能夠清楚地說出自己的意見，有被年長的人喜歡的傾向。只是有時候過於堅持己見，而會被認爲是「意氣用事的女性」。凡事適可而止會比較順利。

同年的女性會認爲妳不易親近，這是因爲妳的自尊心太強的關係。雖然表現自己是很重要的事情，但是最好不要讓別人認爲妳高不可攀。

能夠獲得比妳年輕的女性的信賴。

女白羊座　工作

非常誠實，能夠規規矩矩地做事，在公司裡能夠獲得信賴，被委以重任。也能夠積極而孜孜不倦地從事工作，適合腳踏實地的工作。例如，電腦程式設計員、出版社的編輯等。累積某種程度的經驗之後，可以在工作崗位上擔任主管。

此外，妳也有獨立的志向，可以獨自經營小店。

妳有謹愼的一面，不會從大事業開始，應該從興趣的領域著手經營小店面。有很多白羊座的女性都不認爲結婚之後應該辭去工作，因此，選擇一輩子的工作很重要。

女白羊座　金錢

幾乎不會浪費金錢，但是妳並不吝嗇，而是把錢花在刀口上。妳是一個很會用錢的人。

不過，有時候會有意外的支出。白羊座本來就是屬於積極的星座，有想要的東西也無法忍耐。有時候，會有衝動的購物行爲。

女 白羊座 戀愛

妳踏實而堅強，與妳同年或比妳年輕的男性無法滿足妳。也許妳沒有注意到，但是妳比較容易被年長的男性所吸引。

戀愛方面，妳比較晚敞開心扉。但是只要機會一來臨，妳就會主動積極地約對方。

如果妳討厭對方，也會立刻抽身。

性方面的表現較傳統，從親吻開始再加深彼此之間的關係。妳的內在是熱情的，點燃火花之後就會持續至最終，也會有後悔的時候。

妳的外表很活潑，但是在性愛方面希望由對方來引導。

女 白羊座 婚姻

對於人生有清楚的目標，在婚姻方面也有清楚的畫面，而且也希望對方對於婚姻有相同的夢想。

妳和比妳年長者的相合性較佳。但是，如果不是比妳年長較多的人，希望由兩人共同組織一個家庭。

如果妳眞的喜歡對方，會主動地向對方求婚。雖然會和周圍的朋友商量，最後還是會自行做決定。由於妳熱衷於工作，往往會忽略了婚期，要特別注意。

「好的開始是成功的一半」，最初的數年間如果能夠度過幸福的婚姻生活，則終其一生都會很幸福。

男
A血型
白羊座

3月21日～
4月20日

與AB型的金牛座
或處女座的女性
相合性佳

Arics

男 白羊座 性格

很討厭錯誤的事情，做任何事都力求完美。富有社會性的正義感。

但是，你也具有協調性，在正義感的驅使之下，常常可以說服對方。

乍看之下，有其溫順的一面，但是卻是具有堅定的信念和意志的人。必要時，可以發揮強烈的指導性。

沈靜中不失明朗的性格，而且不會推諉責任，具有溫柔的熱情，能夠獲得周圍的人的信賴。

男 白羊座 人際關係

具有立於人上的素質。沒有獨裁者的傲慢，因此，有越年長越能夠獲得年輕者喜歡的傾向。

年輕時，蘊藏於內在的個性會激烈地

表現出來，和同年的同性會產生摩擦，但是隨著年齡的增長而越來越圓滑。受到年輕同事的推崇，會尊稱你爲「兄長」。

你本來就是一個活潑而重禮節的人，能夠獲得長者或有社會地位的人的信賴。

男 白羊座 工作

重視團隊工作，在必要時能夠發揮領導力，腳踏實地的工作。另一方面，也會向新的事物挑戰，具有下工夫、孜孜不倦地努力工作的一面。

在工作方面非常謹慎，有必要下決斷時絕對不會猶豫徬徨，能夠快速地作決定。在管理一職上可以發揮能力。

你能夠在計劃和主持方面發揮特長，可以擔任開發部門或企劃部門的工作。如果要自立門戶，待累積經驗之後，三十五歲之後創業是最好的。

雖然稱不上是職業，但是腳踏實地，需要努力果敢，面對挑戰精神，成爲「登山家」很適合你的性格。

男 白羊座 金錢

基本上是屬於踏實的，但是你也會有毫不吝惜地請年輕人或部屬的一面。如果再這樣下去，你是無法存錢的。

決定一個目標，預定每個月要存多少錢。但是如果忘了目標，很難勉強自己要存錢，所以可以明白地訂立一個目標，爲將來的事業和資金預作準備。

男 白羊座 戀愛

與興趣有關的社團或學校的社團活動，和前輩、後輩的關係，在不知不覺中會轉化爲愛情關係。和對方商量事情的時候，也會使雙方之間的愛情萌芽。

你有喜歡年輕「妹妹」的傾向，單相思還無法得到滿足，你會期望相愛的關係。你不是屬於單刀直入，進行愛的告白的類型，而是在持續交往中培養愛苗，使愛情的程度加深。

性愛方面，你不會主動要求對方，而會等待女性主動進行愛的告白。只是在你們發生關係之後，你就會充分顯現你的熱情，充分滿足對方。

男 白羊座 婚姻

結婚之前，也許你們會東奔西跑的，但是結婚之後，你們會待在家中好好享受家庭氣氛。

你的朋友很多，他們都會想要在你的家中開宴會。

由於你是屬於哥哥型，所以不會以大男人的姿態來命令自己的妻子。但是，你有一顆自負的心，希望獨力支撐家計，也希望在家中握有主導權。

雖然如此，你也不會粗魯地暴力相向，而是希望由兩個人來一同建立理想的家庭。總之，你的思想非常先進，但是自我主張強烈的女性不太適合你。

女 A血型 金牛座

4月21日～5月20日

與O型的白羊座
或射手座的男性
相合性佳

Taurus

女 金牛座 性格

非常安靜而柔順的女性，往往會讓人覺得妳缺乏主體性，但是，妳卻又有忍耐力強的一面，在必要時妳會發揮意想不到的能力，是屬於外柔內剛型的女性。

妳是個愛美的女性，因此，不論從哪一方面來說，妳是屬於自然派更勝於都市派。與其待在大都市裡，還寧可選擇與大自然爲伍。

不擅長與人相爭，遇有爭執場面時會逃走，有不敢面對的弱點。

女 金牛座 人際關係

交友重質不重量，不喜歡外出，所以交友需要較長的時間。一旦交上這個朋友之後，會以心相許，非常重視這份友情。

妳重視朋友之間的個性相合，不會勉

強地和對方交朋友。妳覺得與其交很多的朋友，倒不如交少數的幾位好朋友。

妳的個性很謹愼，願意聽朋友的建議而改過，因此會獲得年長男性的喜愛。但是，妳會招致年長女性的反感，這一點要特別注意。

女 金牛座 工作

希望安定而踏實地工作，適合從事公務員或圖書館管理員的工作。能夠踏實做好上司所交代的事情，獲得上司的信賴。妳也具有忍耐力，任何事情都以愼重的姿態來面對，能夠有耐性地完成工作。

只是有太過壓抑自己的傾向，爲了不使壓力積存在自己的心中，工作之餘不要忘記盡情地放鬆自己。由於妳本來就是一個認眞的人，往往會勉強自己做事情，所以要經常提醒自己放鬆心情。

妳適合從事看護或保母的工作。

一般而言，是屬於會長期待在同一工作崗位上的人。

女 金牛座 金錢

每天孜孜不倦地賺錢，能夠存錢。不知不覺中就可以累積到好幾百萬了，是屬於很會存錢的女性。

其中有很多女性有記帳的習慣，這並不代表小器或吝嗇。在現實方面能夠有效率地支配金錢。但是，有時候有必要好好地享受一番。

女 金牛座 戀愛

希望能夠和一位男性享受一生的愛情，只不過因為不太會表達自己的感情，所以往往敗給了情敵。

即使不積極地表現，但是在團體交往的時候，也可以透過友人的介紹，和心儀的對象說說話。這時候，性格溫柔而穩健的妳，會使男性感受到妳的魅力。

男性往往會喜歡被動交流型女性的一面。

妳不愛說話，適合由對方來領導妳。

性愛方面，妳是屬於堅持至最後一刻的人，而且討厭粗魯的性愛。只要能夠投入愛人的懷抱中，就滿足了。

女 金牛座 婚姻

妳是現代罕見的賢妻良母類型，能夠在背後支持妳所愛的丈夫，以及好好地照顧孩子。妳是屬於家庭的女性，能夠發揮賢內助的功能，幫助丈夫成功。

婚後以家庭為重，所以不管是多有魅力的工作，婚後也會辭職。

妳認為家庭和生活比工作更加重要，所以妳不以專業家庭主婦為恥。

妳喜愛美麗的事物，會在窗邊擺飾花朵，在桌上或食器方面下工夫，讓全家人都享受家庭的溫馨。

只是妳的婚期有拖得太晚的傾向，需要注意。

男 A血型 金牛座

4月21日～5月20日

與AB型的白羊座或射手座的女性相合性佳

男 金牛座 性格

屬於溫和穩當的類型，不喜歡隨隨便便地做一件事情。

你太過溫柔了，有時候別人會認爲你是個「優柔寡斷」的人。但是，遇到重大事情時，也有頑固的一面，甚至不肯聽取他人的忠告。平常你表現得非常穩重，能夠接受別人的優點。但是，遇到錯誤或不合道理的事情，你會冒出怒火。

此外，你也有長時間集中精神在一件事情上的傾向。

男 金牛座 人際關係

由於你太過認眞，一板一眼的，會與同年齡的人有距離。有時候應該要放鬆自己，輕鬆一下，和其他人交往。

尤其是在年輕的時候，如果表現出太

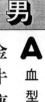

過誠實而認眞的性格，會讓別人覺得難以相處。不需要改變自己的性格去迎合對方，但是可以改變自己的觀點，創造出完全不同的人際關係。

請注意認眞是一件好事，但是過於認眞會缺乏融通性。

男 金牛座 工作

你適合固定的工作或需要耐心的工作，擅長於計算或數字方面。在公司服務，適合事務性的工作。

你是屬於埋頭苦幹型的類型，也很適合從事木工工作。

你不會換工作，只要做了一份工作，就會持續下去。在工作之前，應該要充分選擇適合自己個性的工作。如果工作遇到挫折，就會產生很大的壓力。

如果錯把酒精當成消除壓力的工具，會造成依賴酒精的危險。應該儘可能地參加與運動有關的活動，或自己感到有興趣的團體，以紓解自己的心情。

男 金牛座 金錢

是屬於每個月固定存錢的類型。在生活方面是屬於腳踏實地的類型，所以不會發生月頭手頭寬，月尾沒錢的窘境。

你不太會受到流行所左右，所以不會花大筆的金錢購買流行的服裝來打扮自己。你應該以將來爲目標，爲了取得資格而把金錢花在這方面。

男 金牛座 戀愛

即使有意中人也不善於表達，所以會覺得煩惱。找找看有甚麼機會，在某種契機下，像你這麼誠實的人一定能夠搏取對方的好感……。

如果你因爲喜歡對方而毫不考慮對方的想法，而勉強地追求對方，只會讓對方討厭你而已，必須要注意這種危險性。

在戀愛方面重視平衡的感覺很重要，千萬不要從一個極端走向另一個極端。你必須非常慎重。

你重視靈肉合一，是現代罕見的男性，願意溫柔地愛撫自己所愛的人。

責任感非常強，會在和對方結婚的前提下，和對方發生性關係。

男 金牛座 婚姻

你非常重視家庭，把妻子和小孩擺在第一位。你會是個好爸爸，很喜歡小孩。婚後渴望快點有自己的小孩。

對於人生也有夢想，在想法方面是屬於現實的，會毫不勉強地一步一步往目標邁進。

你會較早買屬於自己的房子，與其在大都市裡租一間小套房，倒不如在郊區蓋一棟屋子。因此，你會孜孜不倦地存錢，最遲在三十五歲以後就會有屬於自己的家，你後半生的運勢會不斷地上升。

但是，在日常生活中不可以吝嗇。

女 A血型 雙子座

5月22日～6月21日

與O型的巨蟹座或天蠍座的男性相合性佳

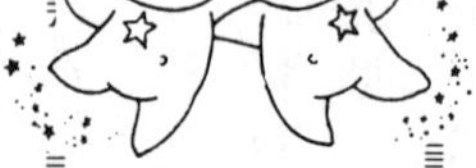

Gemini

女 雙子座 性格

是屬於都市型的聰明女性，多少有點神經質，有時候太過憂慮了。

不要過於注意細微瑣事，應該把眼光放在大格局上。

有謹慎的一面，知性的好奇心非常高，喜歡閱讀雜誌和書籍等以掌握資訊，非常注意時代的潮流和傾向。

與其說是個感性，倒不如說是用頭腦來想事情的人。但是，也不要讓頭腦過於疲累，容易受到周圍的意見所左右，應該對自己更加有自信。

女 雙子座 人際關係

雖然不擅長於在衆人面前說話，但是穩重的說話態度會帶給別人安定感，也會讓別人覺得很親切。只要妳沒有焦躁的表現，在人際關係方面應該不會太過辛苦。只是太過知性了，往往會顯出冷淡的一面，讓人覺得欠缺人情味。這一點必須要特別注意。

最好不要有黏膩的關係，輕鬆地交往才是最重要的。妳不適合和個性太強的人交往，若無其事地交往對妳是最有利的。

女雙子座　工作

多半是學歷高或充滿知性的人，因此適合從事與教育或文字有關的工作，或是圖書館的工作，及博物館的研究員。

妳有文采，不妨參加報紙上的徵文廣告，很意外地也許會錄取。只要相信自己的才能，妳的思緒會一洩千里。

如果在公司上班，內勤會比外勤更加適合妳。只要妳不表現出沒有耐性的一面，擔任電腦程式設計師也不錯。

雖然很有耐性，但是也不要太過有耐性了，因爲妳是屬於神經過敏的人，爲了不使自己神經緊張，應該找出使自己放鬆的方法。

女雙子座　金錢

對於任何事物都會有焦躁的一面，但是對於金錢不要太過緊張，那麼在金錢方面就不會發生困擾了。

妳認爲只要辛勤工作，金錢自然就會進入口袋中，所以不會刻意想要賺錢或存錢，只要不過於奢侈，這樣就夠了。

女雙子座　戀愛

會準備各種資訊，妳似乎是個「戀愛通」，但是實際體驗卻很少，是屬於光說不練型的人。

雖然妳知道再怎麼收集雜誌裡的戀愛專輯，也比不上一次實際的戀愛體驗來得美好，然而由於妳的個性冷淡，所以無法投入熱烈的戀愛中。

戀愛也分爲很多種，如果因爲過於投入而導致身心俱疲，就不能夠說是戀愛了。妳是屬於冷靜地淡淡談戀愛型。

性愛方面，妳也不喜歡囉哩囉唆的，與其說一些甜言蜜語，還不如在妳耳邊親吻一下，更能夠使妳感到興奮。

女雙子座　婚姻

具有配合對方的柔軟性是最好的，如果妳表現出容易厭煩的性格，婚姻生活過不了多久也就會厭煩了。

婚姻是和同一個人生活一輩子，所以必須要謹愼地選擇對象。

即使在年輕時不喜歡說話的人，隨著年齡的增長也會以聊天爲樂，最好是選擇與自己有相同興趣和性向的人爲伴侶。

如果夫妻之間缺乏溝通，對於孩子就會形成過分的干涉，而變成教育媽媽。這一點需要特別注意。

工作方面，結婚以後最好還是繼續工作。

男 A血型 雙子座

5月22日～6月21日

與AB型的巨蟹座或天蠍座的女性相合性佳

Gemini

男 雙子座 性格

洗練而富有知性，有向學心，努力求取新知。

只是對於各方面的知識都不求精，只是廣而淺地涉獵，但是，在日常生活中都被當作「萬事通的博士」，被朋友視爲至寶。

有緊張的一面，很在意別人怎麼看自己。

太理性了，如果多一點人情味，會是一個有人情味又敦厚的人。

男 雙子座 人際關係

整體而言，是踏實，能夠誠實應對，獲得他人好感的人。不善於言辭，會冷靜地聽別人說話。

與人交往的方式非常乾脆，如果有過

於深入的交往，會表現出神經質的性格，在人際關係方面就會顯得疲憊。

因此，在無意識中會壓抑自己，做表面上的交往。

最好重視現在的朋友或新朋友，更甚於以前的朋友。

男 雙子座 工作

對於數字的記憶力非常強，適合從事金融工作或與金錢有關的工作。

最重要的是，要腳踏實地。

如果寄望一步登天或有賺大錢的野心，幸運將會離你遠去。

有些人非常三心二意，經常換工作，要注意不要因此而一事無成。

換工作也是人生的一大賭注，因此務必特別謹慎。

如果能夠活用知性的一面，從事研究工作或新產品的開發也不錯。

男 雙子座 金錢

即使不刻意地想要賺錢，但是在工作方面腳踏實地去做，薪水一定會增加。

賺錢方面，是屬於不需辛苦就可以賺錢的類型。

如果想要一步登天而買股票，反而會導致失敗。對於金錢最好不要有投機心理，或抱太大的慾望。

男 雙子座 戀愛

能夠配合對方，在言語態度上也具有融通性。從某一方面來看，也可以說你很狡猾。但是，最重要的是，你具有旺盛的服務精神。

看起來非常正直，也有求愛的技巧，只是在求愛的時候很冷靜，因此，女性搞不清你到底是不是眞心。因爲這緣故，雖然你有很多的機會，卻不容易獲取芳心。

你好不容易交到女朋友了，但是由於個性容易煩膩，很快又會去交別的女朋友。你就是這種善變的人。

性愛方面，屬於淡泊的，與其做愛，還不如享受躺在床上說話的快樂。

男 雙子座 婚姻

你不是不重視家庭的人，但是也不認爲家庭就是一切。

你不喜歡日復一日單調的生活，所以夫妻生活和家庭生活最好是充滿了變化。

有時候，恢復有如男女朋友的戀愛時代一般，兩個人一起到旅館去過一夜，變換心情也不錯。

如果夫妻倆都喜歡旅行，可以一起到國外去旅行或是來個溫泉之旅。

總之，安定是不好的，而你結婚的對象，外向的人也比內向的人來得合適。

婚後先度過兩人世界，享受婚姻生活之後，再考慮生孩子的事。

女 A 血型 巨蟹座

6月22日～7月22日

與O型的水瓶座或雙子座的男性相合性佳

Cancer

女 巨蟹座 性格

具有穩健的感受性，是內心溫柔的人。體貼別人，很會照顧別人，會注意到細微末節，重視現實的生活。

從另一角度來說，比較容易擔心，經常會煩惱，由於感受性太過敏銳了，有時候會覺得活得很辛苦。

這時候，倒不如放鬆自己，對自己好一點，讓自己置身於自己喜歡的環境中。

對家人也很好，很重視雙親和兄弟姊妹。

女 巨蟹座 人際關係

為人敦厚，會察覺對方的情緒而和對方交往，能夠站在對方的立場為對方著想。對於對方的反應非常敏感，當別人和妳商量事情的時候，會把對方的事情當作

自己的事情。因此，同性朋友或比妳年輕的異性都很喜歡妳。

另一方面，妳會和固定的數個好朋友交往，而拒絕和新朋友交往。隨著年齡的增加，妳的交友範圍有越來越狹窄的傾向。這時候，要注意朋友之間的關係不要過於親密，以免讓自己喘不過氣來。

女 巨蟹座 工作

屬於認眞工作的類型。如果是自己喜歡的工作，會花很長的時間去做，但是絕不會只爲了金錢而工作。

雖然薪水少一點，仍然會選擇自己想做的工作去做。喜歡照顧別人，適合從事保母或護士的工作。最好從事幫助他人，對他人有益處的工作。

此外，妳具有了解他人微妙感情的能力，也很適合當算命師或諮商人員。

建議妳不要爲了金錢而工作，即使只是短時間，然而妳的心靈很飢渴，會毫無意義地使用賺來的金錢。妳應該很了解人心是無法用金錢買到的。

女 巨蟹座 金錢

妳不太關心金錢，並不認爲金錢是最重要的，只要生活過得去就夠了。

但是，妳也有認眞的一面，不會太過浪費，不知不覺中妳的存款就增加了。看見別人困苦的時候，妳會同情對方，而且很大方地幫助年輕人。

女 巨蟹座 戀愛

妳很謹愼，依賴心也非常強，是個值得依靠的女性。不論從哪一方面來說，妳都是屬於等待男性表現的類型。

妳具有溫順而踏實的一面，但是在愛情方面卻正好相反，如果妳眞的喜歡對方，就無法控制自己的感情，也許在內心深處有一觸即發的傾向。

希望了解愛人的每一件事，獨佔慾非常強，忌妒心燃燒起來之後，會陷於憂鬱和苦惱中。

重視氣氛，與其選擇激烈的性愛，倒不如享受溫柔的擁抱。不會主動地去誘惑對方，通常都是等待對方來誘惑妳。

女 巨蟹座 婚姻

妳會好好照顧丈夫，是具有母愛的類型，會退後一步，完全以丈夫爲主，以家庭爲重。妳讓人聯想起傳統的女性，但是妳是現代女性，希望和丈夫成爲伴侶。

不要只是默默地聽丈夫所說的話，你們必須要有共同的價值觀，一起攜手走過人生——請描繪這樣的婚姻景觀。

妳的感受性強，通常會憑著直覺來決定婚姻大事。對妳來說，見面時的第一印象非常重要。妳會禁不起對方猛烈的攻勢，有時候即使不是妳非常喜歡的對象，也可能和他閃電結婚，要特別注意。

基本上，妳是個好妻子、好母親。

男 A血型 巨蟹座

6月22日～7月22日

與AB型的水瓶座
或雙子座的女性
相合性佳

Cancer

男 巨蟹座 性格

是重視人情世故的類型，喜歡人與人之間和平地相處，希望「大家感情都很好」爲其理想，不喜歡競爭。

文靜，具有敏銳的感受性，充分地擁有現實的感覺。不會像藝術家一般，有突發的行動，重視兄弟姐妹和家族之間的事情。

有時候會流於感情用事，而缺乏冷靜的判斷力。如果過於神經過敏，連自己都會感到徬徨了。外表看起來很堅強，但是意外地也有纖細的一面。

男 巨蟹座 人際關係

你是個內向、怕生的人，但是很和善，喜歡與人交往。只要建立起信賴關係，終其一生都會維持良好的友誼關係。

雖然能夠接受對方的意見和想法，但是也有堅持自己意見的頑固一面。

具有接受對方的意見再加上自己的意見，從整體加以規劃的能力。

具有調整能力，能夠巧妙地控制上下和左右的關係，使人際關係更加圓滑。

男 巨蟹座 工作

重視實際的現實生活，只要不從事過分重視外表或動用大筆金錢的工作，就沒有問題。

體貼，富有人情味，適合從事福利或醫療等，對他人有助益的工作。

此外，你富有正義感，適合擔任警察和消防員等，在社會上具有意義的職業。

你不會追求很大的理想或大幅度的改革，從某種意義上來說，在工作崗位上是保守的。

因此，不太適合電腦界或資訊界等變化激烈的職業。

沈著穩健，如果能夠選擇踏實的工作，一定能夠在平凡中得到幸福。

男 巨蟹座 金錢

談不上吝嗇，但不太會使用金錢，整體的生活是屬於踏實的人。重視愛情更甚於物質或金錢方面的享受，只要覺得心靈品質提升，就能夠度過滿足的生活。

爲了將來著想，從年輕時候起就應該儲蓄。

男 巨蟹座

戀愛

是屬於接受對方的感情，並把對方放在自己的心中，不斷地膨脹，共鳴力高的人，和這種人在一起會非常有安全感。

戀愛對象多半是選擇和自己類似的女性，因爲個性與自己類似，所以能夠輕易地掌握其情緒的起伏。

但是，往往也由於過於了解而表現出嫌棄的一面，戀愛常常因此而不了了之。

戀愛的進展速度很慢，是屬於事事爲對方著想的情況之下，一點一滴進展的類型，是屬於緩慢型的戀愛。

性愛方面，重視心靈契合，不太喜歡只講求肉體方面的結合。

男 巨蟹座

婚姻

是傳統型，重視家庭的男人，孝順父母親、疼愛孩子，希望擁有平凡而溫暖的家庭。然而，實際上不如你所想像的一般，擁有溫暖的家庭的情形也不少。

結婚畢竟是和完全不同的一個人結合在一起，所以會在各方面出現摩擦。如果兩個人的相異點得以協調，就能夠築起兩個人共通的世界。生下小孩之後，就可以組織一個美滿的家庭。

你天生屬於家庭，爲了要組織一個家庭，能夠忍耐而踏實地一步一步地走。你會拒絕工作上的應酬，重視一家人團圓的時間，看著小孩的成長而感到喜悅。

女 A血型 獅子座

7月23日～8月22日

女獅子座 性格

忍耐力強，非常穩重，八面玲瓏。在團體中有領導力。

是比他人行動快的行動派，自尊心強，不喜歡受到命令。

自信而擁有女性楚楚動人的魅力。只要抬頭挺胸，就會洋溢著一股說不出來的氣質。

但是，如果太過驕傲，人人都會敬而遠之。

與O型的魔羯座或處女座的男性相合性佳

女獅子座 人際關係

非常機靈，各方面都表現得非常周到，深受長者或上司的喜愛。

只是如果表現出傲慢的態度或旁若無人的姿態，仍然會被周圍的人所討厭。過於高傲的人，大家都會敬而遠之。

只要注意到這一點，由於妳本來就是一個開朗而活潑的人，在團體中就會成爲領導者。

發揮妳的領導性，和朋友來一趟旅行吧！或者和同事、朋友一起到新開張的店去享受一餐吧！

女獅子座 工作

即使妳到國外去留學，也不只是單純的留學而已，會爲了明確的目標而去留學，例如，爲了想要學習法國料理而到法國去。

在工作方面也是一樣的，不會爲了工作而工作，妳會爲了既定的目的而工作，因此會成功。

即使在一家小公司上班，也要考慮自己到底想要做甚麼而愼選職業，千萬不要一味地追逐流行或覺得羨慕的目標。

妳是個興趣和利益兼顧的人，如果愛狗，不妨開一家寵物店或當美容師。與其被別人使喚，倒不如自己做一些事情，會比較適合妳。

女獅子座 金錢

妳關心流行，有喜歡名牌物品的傾向，對於高級品比較有興趣。

如果能夠控制自己一味地追求名牌，購買流行物品的費用，一定能夠存錢。只是妳不喜歡毫無意義的存錢。也許可以訂立計劃，買一件大的物品。

女 獅子座　戀愛

妳看起來嫻靜而安詳，但是很令人意外的，妳也富有攻擊性的一面，往往會玩弄男性。這正是妳的魅力所在，從某種意義來看，是個「壞女人」。

一旦內心的愛情之火熊熊燃燒時，會不管先來後到的順序，甚至會主動追求男性。

妳會想要談一次轟轟烈烈的愛情，但是也應該要覺悟這是很危險的。

戀愛對象只要一個人就夠了。實際上，只要有一個愛人就可以沉浸在快樂的氣氛中。

在性愛方面乍看之下是淡泊的，但是只要愛人希求，妳就會出現大膽的行爲。

女 獅子座　婚姻

妳是個內在堅強的女性，是丈夫背後的女人。可以說是個不斷操縱丈夫，使丈夫往上爬，成爲「社會名流」型的人。

但是，這種向外的攻擊性如果隱藏在內側，一旦爆發出來就會突然離婚。這一點必須要特別注意。

在很多場合中妳都有忍耐力，所以應該不致於如此，不需要過於擔心。

安定志向的人出乎意料之外地也會被稱爲「賢妻良母」。雖然妳看起來很溫順，卻是實際握有家庭大權的人。

即使妳上班也可以兼顧家庭。

男 A血型 獅子座

7月23日～8月22日

與AB型的魔羯座或處女座的女性相合性佳

Leo

男 獅子座 性格

沈著，忍耐力強，凡事都有不動如山的性格。是屬於充分思考之後才會行動的類型。一旦下定決心之後，就會貫徹到底，有意志堅定的一面。

反過來說，也相當頑固，具有安定感。

在沈靜的氣氛中值得依賴，在組織中具備了領導者的素質。思考周密，有從正面思考事物的習慣。

有擔心的事情絕不會悶在心裡，會明白地說出來。

男 獅子座 人際關係

雖然很年輕，卻非常重視禮儀，會參加體育活動，重視同性之間的友情。

對於年小者有一切由自己承擔的傾

向，對於年長者能夠謙虛應對，深獲大家的信賴。你非常重視上下的關係。

不拘泥於小節的寬容精神，是人上人所必備的資質。你不但具備這種寬容的精神，對他人也非常親切，在社會上居於領導者的地位。

男 獅子座 工作

有非常熱衷且工作過度的傾向。如果你的身體很好，當然沒關係，要注意過勞死的危險性。

你具有不斷超越障礙，克服困難的決心，即使事業上遇到了挫折，也能夠努力不懈地克服困難，不把些微的辛苦看在眼裡。

但是，你有要求完美的傾向，從年輕時候起就不太會把工作交給別人處理，你認爲與其拜託別人，還不如自己動手做較好。但是，要完成一件偉大的工作，需要他人的同心協力。

不只是在工作上，在任何的事情上都討厭妥協。你會因堅持己見而樹敵。

男 獅子座 金錢

你是個時髦的人，重視衣著。如果不注意服裝的流行，不妨從今天起培養自己的流行感，在服裝方面多花一點金錢，可以提升你的運勢。

有錢花了還會再來的財運，但是如果不斷地浪費，還是無法存錢的。

男 獅子座 戀愛

只要你喜歡對方，就會有全心投入的傾向，獨佔慾相當強。

你不服輸，遇到情敵時，會千方百計搶回自己的戀人。但是，如果過於強硬，恐怕戀人會離你而去，必須要注意這個危險性。

你是屬於耐性強，容易黏著對方的類型，因此，最好是選擇看起來內向，外柔內剛的女性。如果和自我主張強，非常有個性的女性交往，一定很有趣，過不了多久你們就會戰爭不斷。

性愛方面，是屬於服務精神旺盛的類型，有持久力，甚至會讓人覺得很難纏。

男 獅子座 婚姻

對於婚姻有認眞的一面，認爲「男主外，女主內」。

如果太過於支配女性就會變成獨裁，恐怕對方會受不了。

現代女性輕言離婚，如果以太過粗暴的態度或爲所欲爲的言行來對待對方，恐怕對你也沒好處，千萬要謹愼。

在婚姻生活中應該培養寬容的精神，互相禮讓才能夠維持幸福的婚姻。

你的野心很重，如果要尋求共組家庭的女性，也許沈默而柔順的女性比較適合你。

驕傲而任性的女性不適合你。

女 A血型 處女座

8月23日～9月23日

與O型的白羊座或獅子座的男性相合性佳

Virgo

女 處女座 性格

喜歡乾淨和清潔，是富有知性和教養的女性，其消極的一面正是魅力所在。

感情纖細，是一板一眼的人。討厭半途而廢，任何事都會堅持到底才認爲完美。

由於過於纖細，有時候會因小事而傷心。這正是其弱點。

請妳更具有柔軟性與他人交往，最好避免批判他人或仔細地分析他人。

人際關係年輕且禮儀端正，受到年長男性的喜愛。謙虛的態度是吸引年長男性關心的要素。

在公司裡也受到上司和年長男性的喜愛，在這方面會招致男性同事的反感。

容易受到他人的意見所左右，具有神經質的一面，因此，在人際關係方面顯得疲憊。

喜歡交友，是個討厭孤獨的人。

女 處女座 工作

喜歡讀書、寫日記，有很多是從小就喜歡寫文章或童詩的人。這種人長大之後也許可以成為小說家、評論家、翻譯家等，靠寫文章維生。

如果在公司裡上班，比起服務業或跑業務的職業，妳還是適合長期留在辦公桌旁的工作。妳是屬於會長期待在一個工作職場的人，因此在選擇公司的時候，必須非常謹慎。

過度要求完美會造成壓力，不要忘記經常放鬆自己。

妳也適合專門職業，例如，藥劑師、美容師等與衛生有關的職業。

女 處女座 金錢

經濟觀念非常發達，總是認為安定是最重要的。妳認為踏實的儲蓄是第一步，很少會買股票或金融商品。

妳會為了讓自己舒適地生活而買房子，不會以投資的形態來購買房子。當然，也不會出現衝動購買的情形。

女 處女座 戀愛

在戀愛方面稍嫌消極，有非常謹慎的一面，遇到意中人也不會主動表達愛意。

偷偷地愛慕對方就覺得滿足了，這也

是妳膽小的一面。

像做夢一樣就覺得幸福的情形，只限於年輕時代。如果妳要成長爲一個成熟的女性，就必須歷經受傷或看到男性討厭的一面，才會成長。

對於愛情沒有免疫力的人，一旦被愛火燃燒之後就會燙傷。失戀以後，要花很長的一段時間才會恢復，會一直陷於苦惱中。

性愛方面，妳重視羅曼蒂克的氣氛過於享受露骨的快感，妳會等著對方來引導妳，而不會採取主動。

女 處女座 婚姻

結婚以後，以家庭爲重。妳是屬於踏實而現實型的女性，能夠過著安定的家庭生活。

妳愛丈夫和孩子，很會安排家計，而踏實地朝著目標一步一步地邁進。結婚之後，即使繼續工作，但是，只要丈夫要求妳留在家中，妳就會辭去工作而安心地留在家中。

由於妳具有知性的才能，因此，婚後會使妳的婚姻生活活潑化，不會覺得無聊或厭倦。

喜歡乾淨的妳並不以每天打掃、洗衣服爲苦，即使是現在討厭做這些事情的人，結婚之後也一定能夠做得很好。這星座的人多半是很會整理的人，相信妳的內在也潛藏著這種才能。

男 A血型 處女座

8月23日～9月23日

與AB型的白羊座或獅子座的女性相合性佳

Virgo

男 處女座 性格

本質上是屬於重視秩序的類型，總是一板一眼的，以誠實的態度來面對一切，是非常值得依靠的人。

性格穩健，大都是屬於性格穩健的人。你是喜歡乾淨的男性。

你也是完美主義者，一旦決定了一件事情之後，就會很有耐心地把它做好，但是你往往會以批判的眼光來對待他人。

你的內在是神經質的，有容易受傷的一面。希望你了解自己和他人是不一樣的。

男 處女座 人際關係

有潔癖，是難以相處的類型。但是只要和你交往過後，會發現你很穩健，重視人際關係，能夠獲得他人的信賴。

由於你彬彬有禮，遵守約定，重視禮節，所以深受長者的喜愛。

但是，你往往得理不饒人，只要你稍微留意人情，人際關係會更加圓滿。

重視與他人的協調性，具有柔軟性是與他人溝通的要件。

男 處女座 工作

你的個性踏實而現實，並不會討厭麻煩的工作。因此，在公司裡被視爲至寶，深受上司的信賴。

富有責任感，會把自己的工作做得很好，是屬於有自制力的職員。富有知性的一面，能夠擔任研究者，投入工作中。

由於你的個性的緣故，在工作上往往會累積壓力，找個安靜的環境，充分地放鬆自己非常重要。

有很多人因工作過量而造成身體的負擔，這時候要注意不要讓自己過於疲勞，或過於消耗身心。泡個溫泉，洗個三溫暖，流流汗，接受按摩。試著轉換自己的情緒是很重要的。

男 處女座 金錢

是屬於每個月固定存錢的類型，經濟觀念非常發達，但是，並不表示你是個守財奴，很少人會爲了金錢而去工作。

慾望不大，只要生活過得去就覺得滿足了。你不擅長於賭博，偶爾購買公益彩券也不錯。

男 處女座 戀愛

你是個老好人，會把自己的女朋友介紹給朋友，甚至別人搶走你的女朋友也無所謂。但是，不要忘記還有很多女性欣賞你，希望你注意到她們的存在，所以不要只注意身邊的人。稍微拓展自己的交友範圍，會有意想不到的際遇。

個性正直，一旦有了喜歡的對象，就會全心全意地愛對方。

從友情而萌生愛情的情形也不少，只不過你不太會表達愛意。爲了要使你的愛情開花結果，需要積極一點。

你不擅長激烈的性愛，比較喜歡溫柔的愛撫、說說話，享受這樣的氣氛。

男 處女座 婚姻

你有優柔寡斷的一面，有很多人已經有了很好的對象，但是卻遲遲無法結婚。由於過於抑鬱的緣故，有晚婚或始終單身的人。

一旦結婚之後，就非常重視家庭，當個好丈夫或好父親。即使工作，也會儘早回家和妻子一起用餐，過著平凡而幸福的生活。

會進行人生規劃，屬於現實派的你，家庭生活會踏實地一步一步前進。你喜歡享受平凡的生活過於戲劇般的人生。

認眞型的女性，比奔放型的女性更加適合你。

女 A血型 天秤座

9月24日～10月23日

與O型的天蠍座或雙魚座的男性相合性佳

Libra

女 天秤座 性格

在十二星座中，這是平衡感最發達的星座。非常優雅而高貴，纖細而富有社交性，受人喜愛。

富有知性，非常穩重，待在妳身邊就會覺得安心。

具有藝術感，但是不會爲所欲爲，一意孤行，經常會保持與周圍調和的狀況。

過於注意周圍的事情，會變成八面玲瓏的人，必須要有適度的自我主張。

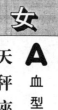

女 天秤座 人際關係

說話爽朗，讓人感受到妳的魅力，而且會提供高格調的話題，和妳談再久也不會厭倦，深受各年齡層的人所喜愛。

妳是屬於都市型感覺的人，乾脆而冷淡，不喜歡黏膩的關係，和任何人都保持適當的距離。很少爲人際關係而煩惱。重視學生時代或興趣相投的朋友，更甚於公司方面的人際關係。

女 天秤座　工作

適合從事與美有關的工作。建議妳從事創作性的工作，例如，插畫、服裝設計、室內設計等。由於妳工作細心，而且做得非常好，所以深受好評。

妳具有知性的洗練，以都市的感覺爲信條，如果到美國去留學，對妳的將來很有幫助。

如果在公司上班，盡量自由地工作最好。如果是從事辦公室裡的工作，一板一眼地，並不適合妳的個性。

有很多在紡織業或工藝界成功的人，因此，不妨審視目前的工作，換份工作也許更能夠發揮妳的可能性。

女 天秤座　金錢

不會浪費金錢，很重視自己的感性，因而會過著謹慎的生活。多半討厭金光閃閃的服裝或流行的東西，也很少購買高價位的進口品。

即使不必花很多金錢，也能夠襯托出妳的氣質。妳重視精神更甚於金錢。

女 天秤座　戀愛

不擅長談激烈的愛情，是由對方來引導妳進入愛情的氣氛中。

在感情方面妳是屬於被動的，妳體內的荷爾蒙會刺激男性的心，很自然地戀人會出現在妳面前，只要等待即可。

妳重視氣氛，會挑選外貌好的人，不喜歡粗魯而不修邊幅的男人。如果有紳士追求妳，妳會禁不起誘惑。

妳理想中的愛情是屬於大人的愛情，所以年長的男性會比較適合妳。

性愛方面，妳喜歡享受性愛之後的餘韻，妳等待他的手有如火把一般地觸摸妳的肌膚。

女 天秤座 婚姻

婚前和婚後維持平衡的感覺，會以夫唱婦隨的方式來組織幸福的家庭。妳適合朋友感覺或伴侶感覺的婚姻。

即使在婚後，也可以在工作和家庭兩方面求得平衡，妳都能夠處理得很好，而且夫妻的感情也一定很好。

妳會把家庭佈置得美侖美奐的，注重室內設計，種盆栽或做美麗的窗簾。繼續工作的人可以在夜晚時分和丈夫約會，享受戀愛時光。

沒有小孩，可以享受兩人世界；有小孩之後，也可以享受快樂的家庭生活，與丈夫之間的愛情會更深。

妳的個性不會偷情，但是，要小心在妳的心扉一隅會有男性侵入。

男 A血型 天秤座

9月24日～10月23日

與AB型的天蠍座或雙魚座的女性相合性佳

Libra

男 天秤座 性格

頭腦動得很快，多半很會說話，是重視自己的禮儀和行爲的好青年。

個性敦厚，能夠與大家協調，從年輕時候起就顯得非常穩重，具有協調性。

長得英俊又富有社交性，似乎不知民間疾苦，多半是屬於娃娃型的人。往往很寵愛自己，平衡感覺很好，但是缺乏決斷力。遇到麻煩的事情有逃避的傾向。

男 天秤座 人際關係

雖然擔心人際關係不佳，但是有冷漠的一面，欠缺溫暖性。你過於缺乏風情，往往讓人覺得不夠風趣。

由於你是個端端正正的人，因此會獲得上司的好評，你能夠和每一個人交往。從外表看來，是個八面玲瓏的人。

在漫長的人生中，人無法做得那麼完美，因此，無妨表現出自己的好惡。

男 天秤座 工作

與其獨自創業，倒不如擔任需要協調性的工作。你很重視團隊工作，能夠在這方面發揮能力。

別人交給你的工作，你都能夠謹慎而踏實地完成，深得上司的喜愛，是很有能力的上班族。

平衡感覺非常好，具有冷靜的判斷能力。擔任律師能夠發揮正義感，也可以往有興趣的那一面去發展，從事一些輕鬆的工作。

對一個人來說，工作是可以花最多時間的事情。如果擁有工作以外的興趣，眼界會更加寬廣。不妨去學學社交舞。

男 天秤座 金錢

你不吝嗇，但是也絕不是會大方地花錢的人。你的花費會量力而爲。

多半是關心美和藝術的人，重視感性更甚於金錢，即使有時候你會多花一點錢，但是也會適可而止。你是擁有健全的金錢觀念的人。

男 天秤座 戀愛

對於愛情非常認眞，在喜歡的女孩面前無法做愛的告白。

你只會間接地傳達愛意，有時候對方

並不能了解你是多麼地喜歡她。你應該明白地向對方說「我愛妳」，但是很多東方男性都無法做到這一點。

你應該比較喜歡楚楚動人、可愛型的女子吧！而不喜歡成熟的女性，比較迷戀嬌滴滴的少女。

基本上，你不會爲了只和對方做愛而和對方交往。你會把性愛、愛情和結婚連接成一條直線。

你會溫柔地對待女性的身體，充分發揮纖細的感性，善於應用柔軟的刺激來挑起女性的情緒。

男 天秤座 婚姻

恐怕你會比較晚婚，超過三、四十歲才結婚的人也不少。當然，從某一方面來看，結婚是一種賭注，但是有時候也需要破斧沈舟的決斷力。

你是重視外表的人，不論對方的性格多好，你都會選擇外表可愛的女性。如果你東挑西選，只會使你的婚期一延再延而已。

相親結婚會比戀愛結婚更加適合你。如果你過了三十歲還未婚，那麼不要徬徨，也不要猶豫，立刻相親吧！一定會有好姻緣的。

到了某個年齡之後，就會變成老實的丈夫和頑固的父親。

女 A血型 天蠍座

10月24日～11月22日

與O型的天秤座
或雙子座的男性
相合性佳

Scorpius

女 天蠍座 性格

乍看之下，予人文靜、楚楚動人的印象，但是妳的內在堅強，而且能克服萬般的辛苦。

此外，妳的內在熱血沸騰，有時候會出現令周圍的人意想不到的行動。平常妳會壓抑自己，但是一旦情緒爆發，就會一股腦兒地全部吐出來。基本上，妳是個謹愼小心的人，不喜歡嘗試新事物，寧可選擇自己習慣的事情。感受性非常敏銳，不要忘記關心他人。

女 天蠍座 人際關係

多半是屬於正直、不愛說話的人，有封閉內心，和他人接觸的傾向。不喜歡人多的場所，而喜歡在安靜的場所獨處。

這種人往往會勉強自己去創造人際關

係，但與自己的性格不符合，會覺得非常苦惱。這時與其改變自己的性格，倒不如配合自己的性格，以自己的性格來創造人際關係，才能夠使妳更加幸福。

妳不太信任他人，但是一旦信任了，就會和這人終生保持友誼關係。

天蠍座 女　工作

屬於會踏實地工作的類型，被視爲公司裡的至寶。深受上司和前輩的信賴，能夠有條有理地把工作確實地做好。而且，妳具有集中力，能夠在短時間內有效率地完成計劃。

妳適合長期待在一個地方工作，與其從事與營業服務有關係的工作，倒不如從事事務性、總務性的工作。

往藥劑師一途發展也不錯。妳不會對於每一樣事物都充滿了意欲，會專心投注在一件事物上，如此能提升妳的運勢。

除了工作以外，最好擁有自己的興趣，例如，茶道、花道等，這對於妳的將來一定會有幫助。

天蠍座 女　金錢

是屬於踏實型，孜孜不倦地努力的人。不會浪費金錢，有些人會把存錢當作一種興趣，集郵便是如此。每天看著郵票，內心都會發出微笑。

但是，如果過度會變成守財奴，需要特別注意。有時候，稍微浪費也不要緊。

女 天蠍座

戀愛

在愛情方面很膽小，但是一旦喜歡上之後，就有充分燃燒自己的熱情的傾向，雖然不能說這不是不規律的愛情，但是只要走錯一步就很危險了。

妳的忌妒心比別人強一倍，獨佔慾高人一等。妳非常害怕對方離自己遠去，因此，對方如果無法和妳見面，妳心思會動搖，擔心這又擔心那，甚至會責備對方。

在此不是要嚇妳，只是希望妳好好地控制自己的感情，以免演變成三角關係。尤其過了三十歲之後，更是要注意。

妳的內在蓄積了非常多的能量，在性愛方面意外地非常激烈。應該有很多男性感覺得出妳的身體魅力。

女 天蠍座

婚姻

是屬於謹愼型，能夠侍候丈夫洗澡的類型，但是，也只有丈夫才能夠感受到妳的愛而已。

平常妳不太外出，只會等著丈夫回來和妳說說話。如果丈夫有過一次花心的記錄，妳會受不了，想要玉石俱焚。

如果丈夫總是向著妳，妳會因爲自己的家庭非常安定，而對於社會寄予高度的關心，雖然是爲丈夫服務，也不需要像古時候的專業家庭主婦一樣，很多女性也可以一邊從事工作一邊把丈夫侍候得很好。

由於妳有足夠的忍耐力，離婚率不高。

男 A血型 天蠍座

10月24日～11月22日

與AB型的天秤座
或雙子座的女性
相合性佳

Scorpius

男 天蠍座 性格

文靜，凡事小心謹慎，非常有耐力，會一步一步地走，確定橋不會垮了才會走過去的謹慎型。

乍看之下，非常率直，但是也有頑固、不容易妥協的一面。雖然表面看起來非常穩當，但是因爲內部蓄積了非常大的能量，因此就像火山一樣，擔心其隨時會爆發。

具備集中力和持續力，能夠踏實地完成一項工作。

你是屬於鹵莽、不懂禮貌的人，但是有時候也要培養敏銳的感覺能力，才能夠使你的世間更寬廣。

男 天蠍座 人際關係

有抑制自己的一面。雖然和特定的人

非常親密，但是和第一次見面的人感覺稍微冷淡。你不愛說話，所以不容易和別人打成一片。

過於意識到人際關係，只會使自己更加緊張而已，放鬆心情和對方相處是非常重要的。

不要拘泥於人際關係，要努力開發自己的興趣和其他能力。在興趣的領域裡，也許會遇到比平時更加合得來的朋友。

男 天蠍座 工作

你能夠熱心地研究工作，也具有集中力，能夠從事需要耐性的工作，而且能夠踏實地完成。

只是太過努力了，需要小心身體方面的毛病。不要讓壓力累積在身體裡，中年以後身體方面的毛病也許會顯現出來，要特別注意。

別人交託給你的工作，你都能夠完成，有責任感，深受上司的信賴。很少換工作，會好好地做你現在的工作。

有些人不以薪水階級爲滿足，而以自己創業爲目標，最後應該能夠憑藉忍耐力和強烈的意志力而獲得成功。

男 天蠍座 金錢

在金錢方面非常規矩，是踏實地儲蓄的類型，喜歡儲蓄的人，與其把錢存在銀行或郵局，倒不如買一些金塊、金幣，更可以提升財運。

如果要送禮物給戀人，送金戒指或項鍊比較好。

不要一味地想要存錢，而應該有效地活用金錢。

男 天蠍座　戀愛

有憑著直覺喜歡對方的傾向，非常注重情緒，即使約會也是依照階段，慢慢地加深彼此之間的親密關係。

你不太喜歡讓周圍的人知道你和誰在交往，所以你會享受秘密的愛情。

這是因爲你的獨佔慾比較強，不太喜歡他人侵入自己的世界中，所以不應該有團體的交往。你的忌妒心非常強，如果別的男人盯著你的戀人看，你會受不了。

性愛方面，你深知訣竅，但是在床上你是很有禮貌的，會耐心地引導女性進入情況。

男 天蠍座　婚姻

你對於婚姻不具有幻想，是屬於現實型的，會配合自己的地位、收入來選擇女性，絕不會好高騖遠。你期待安定感，不喜歡女性比自己的變化來得大。

你是在愼重的情況下決定結婚的，所以失敗的情形很少，但是由於太過愼重了，往往會讓機會溜走。有時候，結婚是需要憑直覺的，在思考之前先行動吧！

婚後你絕不花心，是個好丈夫和好父親，但有時妳的妻子會覺得你很無聊。

女 A血型 射手座

11月23日～12月21日

與O型的魔羯座或金牛座的男性相合性佳

女射手座 性格

屬於樂天，不會拘泥於無聊事情的類型，從小就具有旺盛的獨立心。外柔內剛，並且擁有適度的自尊心。

會一步一步地提升自己，喜歡上流或優雅的事情，並且憧憬上流社會。

不會率直地遵從他人的意見，但是也不會強硬地主張自己的意見，當應該由自己來引導他人時，也會表現出謙虛的態度來引導他人，因此，不會讓他人討厭。

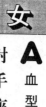

女射手座 人際關係

能夠寬容別人的錯誤和缺點，較少與他人發生衝突。會體諒他人，以一顆溫柔的心來對待他人，因而受人喜愛。

此外，禮儀非常端正，遣詞用句也非常規矩，深受「伯父族」的人喜愛。外表比實際年齡看起來穩重，因此，也會受到年輕男孩的喜愛。

與新的人見面，可以期待新的發展，必須從公司、學校或家庭等固定的世界，往前邁進一步，幸運之神才會降臨在你身上。

女射手座　工作

有上進心和豐富的知識慾，不會馬馬虎虎地完成工作，每天都在思考應該怎麼做才會更加有效率，應該怎麼做才能夠做得更好。

但是，不會安定地待在一個地方，經常要求變化。

言辭的感受性非常豐富，不會只學一種外國語言，而會學好幾種外國語言。

離開自己的國家，到美國或其他地方去發展，應該可以很活躍，適合從事貿易方面的工作。

看見他人的痛苦會有惻隱之心，想要去幫助別人，建議你從事對他人有幫助的工作。可以在國際性的團體中擔任義工。

女射手座　金錢

金錢慾和物質慾很少，不會亂花錢，過著用錢節制的生活也不以爲苦。

如果有好機會不會吝惜於投資，深諳規劃之道。

喜歡旅行的人乾脆爲自己規劃一趟旅行，對你一定有幫助。

女 射手座 戀愛

像五月的新綠一般清爽的愛情，是最理想的。黏膩的愛情不適合你，最近看到有些年輕人在車站或街上，都會大膽地擁吻。這種情形不太適合你。

雖然你的內心是熱情的，但是在別人面前你還是會謹守分寸。甜言蜜語就留在房間裡說吧！

雖然會有衝動的愛情，但是，只有一步步發展的愛情能夠使你們之間的感情更深。成爲戀人之後，有時候也需要自我控制一下。

結婚以後，三十五歲至四十歲之間，也許會有丈夫以外的男性闖入妳的內心。如果妳允許他闖入，會導致危險。

女 射手座 婚姻

對於婚姻是往前走，一步一步地走的類型，會巧妙地扮演好妻子和母親的角色。

能夠婚姻與工作兼顧。不認爲丈夫應該和妳做同樣的工作，妳認爲家務事應該由妳來做，即使丈夫不幫忙，妳也不會責怪他。

在妳這種態度之下，妳的丈夫會很自然地幫助妳，這就是妳的魅力所在。

與其批判或指責，倒不如在其面前行動，反而能夠促使他積極地改善，這也是你巧妙控制男性，創造幸福家庭之處。

男 A血型 射手座

11月23日～12月21日

與AB型的魔羯座
或金牛座的女性
相合性佳

Sagittarius

男 射手座 性格

具有柔軟的思考事物、道理的一面，屬於思索派。意志堅定，具有旺盛的獨立心，但是也並非缺乏融通性，你的想法和性格都非常乾脆。

有神經質的一面，與其把心思花在細小處，不如著眼於大目標，才能配合你的性格。大膽的行動能夠爲你啓開大道。

即使遇到困難的事情，也能夠積極地面對，正直的你遇到麻煩時，旁邊的人會伸出援手。他們都會幫你解決問題。

男 射手座 人際關係

平常就表現得非常正直，獲得年長者的喜愛，在年長者的眼中，你是個好青年。對年輕人來說，你是位「好哥哥」。

對於他人的言行舉止非常寬容，所以

很少發生大衝突，你也懂得世間的道理，不會有突如其來的行動。

你覺得人與人之間的信賴關係是最重要的，而且你也不會忘了你的謙虛。

雖然如此，有時候你過於感情用事，會出現攻擊對方的情況，所以隨時要有警惕之心，百般忍耐。

男 射手座　工作

處理事情的能力非常好，擔任公務人員，能夠在處理市民的陳情和行政方面發揮實力。如是上班族，你能在爲顧客和消費者服務的商品開發方面發揮實力。

不要爲了賺錢而去做這項工作，你會認爲這份工作很有意義或對世人有助益而從事這項工作。

你具有協調性和責任感，進入公司之後，能夠非常活躍。

只有積極地勇往直前，才能夠開展自己的前途，不要膽怯，一步一步地往前邁進吧！與其煩惱，還不如立刻行動，在這過程中才能夠找到解決問題的方法。

男 射手座　金錢

你對於金錢方面非常嚴格，不會因爲對方是朋友，就隨便地把錢借給他。你害怕朋友之間借錢傷感情。你覺得在非常有必要時，才幫助對方是最重要的。

你並非不在乎金錢，但是更加重視除了金錢以外的價值。太過執著於金錢的人，會使幸運逃走。

男 射手座　戀愛

與其等待，倒不如積極地追求戀人。基本上，你的性格是屬於積極性的。一旦遇到喜歡的對象，應該主動地向對方表示。你會得到很好的回應。

你的個性乾脆，不會因爲忌妒心或獨佔慾而讓女性覺得困擾。如果太過乾脆，女性會覺得不滿足。

確定目標之後，就應該要展開積極的攻勢，唯有積極才可以創造高成功率。

在性愛方面稍微淡薄，你並不是會向別人誇耀時間或次數的類型。會溫柔地引導女性，讓女性覺得快樂。性愛之後，不要忘了爲對方服務。

男 射手座　婚姻

不希望高攀，只希望門當戶對。你覺得婚姻是很現實的，所以會愼選伴侶。

你會有計劃地經營安定的家庭生活，與其度過波瀾萬丈的人生，寧可踏實度日使生活更好。因此，會從年輕時候起就儲蓄，很早地買下自己的房子。

爲經濟紮下基礎的同時，也要注意夫妻之間的交流。有了孩子之後，會以孩子爲家庭的中心。但是，也不要忘記夫妻間的溝通。你最好不要有自己一個人養家的想法，而要有「大家一起一步一步邁進」的感覺。

女 A血型 魔羯座

12月22日～1月20日

與O型的水瓶座
或雙子座的男性
相合性佳

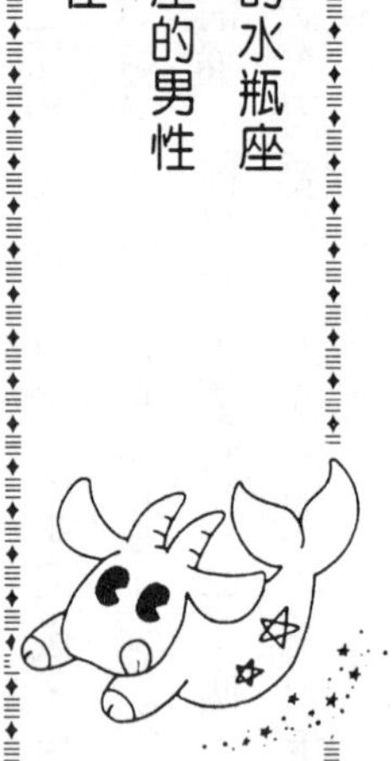

女 魔羯座 性格

非常謹慎而安定，雖然如此也不是屬於傻傻的類型，妳有自己的思考力。責任感強，能夠踏實地一步一步往前邁進的類型。忍耐力強，能夠克服困難，堅持到底。

一般而言，是屬於消極性的，不太願意追求新事物，重視舊的價值。

妳非常認眞，具有一板一眼的性格，但是如果這種性格表現得太過火，會讓人覺得冷淡，所以不要忘記在謹愼中隨時保持笑容。

女 魔羯座 人際關係

不管從哪一方面來說，都是喜歡孤獨的類型，與其在很多人喧嘩的地方，寧可獨自讀書、聽音樂。

不喜歡外出，很怕生，但是會和以心相許的人一直保持交往。同性之間如果交往密切，會讓人覺得討厭。

基本上，妳是屬於認眞踏實的人，會獲得周圍的人之信賴，而且會受到年長者的重視。

女 魔羯座　工作

誠實且踏實，能夠確實地從事工作，不講求華麗，凡事實事求是，能夠安心地工作。實務方面的工作會比企劃性工作更加適合妳。

妳能夠按照計劃和秩序，一步一步地在時間之內完成計劃表，因此，在組織中妳應該是很活躍的。

也有潔癖的一面，適合從事數字和事務性方面的工作，有上進心，所以在使用英語的貿易事務場合工作也很好。

妳會長久地待在同一工作場合裡，所以必須要挑選人際關係佳的場所。否則工作順利，卻因爲和上司處得不好，而無法長久工作下去。

女 魔羯座　金錢

妳是踏實的節儉家，不會隨便地亂花錢，要很有計劃地存錢和用錢。妳有節儉的一面，在他人看來也許是吝嗇，但是妳也不在意。

只要對自己有好處，別人怎麼想都沒有關係。請踏實地爲將來的婚姻儲蓄。

女 魔羯座 戀愛

戀愛體驗比一般人遲，隨著年齡的增長，妳的愛情會比一般人更美。年長之後和年輕時所談的戀愛不同，不是熱情而激烈地燃燒，而是慢慢地玩味其中的滋味。

年輕時多半是屬於被動的戀愛，很少主動。稍微年長之後，對於「哥哥型」的男性感到好感。

妳不喜歡運動方面的行動，妳喜歡讀書、音樂等文靜的活動。妳不喜歡魯莽型的男人，而喜歡文靜型的男人。

性愛方面，妳是屬於被動的，但是在男性的引導之下，妳也可以玩味到其中的滋味。

女 魔羯座 婚姻

妳能夠踏實地經營婚姻生活，是配合丈夫個性的類型。丈夫是大男人主義者，妳會讓丈夫掌控一切。丈夫是大而化之的人，也能扮演好在其背後的「賢妻」。

妳的忍耐力非常強，即使丈夫爲所欲爲，也有堅強的忍耐力。但是，太過份的男人就不行了。缺乏未來規劃或凡事做得一塌糊塗的男人並不適合妳。和妳相同類型的踏實男性，才能夠擄獲妳的心。

婚姻生活是靠平日踏實的腳步，一點一滴地累積而成的，不要想一下子就能夠蓋好一棟房子，必須有計劃地每一個月存一點錢，才能構築起一棟愛的小屋。

男 A血型 魔羯座

12月22日～1月20日

與AB型的水瓶座或雙子座的女性相合性佳

Gapricornus

男 魔羯座 性格

屬於敦厚、努力型，會踏實往前進，有合理性的思考，現實的感覺很發達。

絕對不會有突如其來的冒險行動，有責任感，非常勤勉，能夠發揮自己的實力，雖然你的存在並不是那麼醒目，但是卻能夠帶給周圍的人安心感。

一旦確定目標之後，就能夠很有耐力地堅持至最後，而且熱心於研究，會反覆從事相同的工作。如果能夠讓自己稍微有點變化，結果會更好。

男 魔羯座 人際關係

即使一個人也不在乎，是屬於孤獨的類型。交往範圍比較狹窄，但是交往對象卻非常密切。

你是個彬彬有禮的人，深得長輩的好

感，而且你的外表也比你的實際年齡看起來落落大方、穩重，有大人一般的氣氛，因此，也能夠獲得年輕人的信賴。

別人和你商量事情，你不會顯得不耐煩，會視爲自己的事情般，雖然缺乏社交性，但是個誠實的人，可以讓對方安心。

男 魔羯座 工作

每個人的人生都要有自己的目的，才能夠獲得大成功。執著於一件事情好好地做，就能夠有驚人的成績。你是屬於上班族類型的人。

適合從事公務人員、圖書管理員、銀行職員、公車駕駛等踏實的工作。

你會踏實地從事自己的工作，幾乎不會換工作，能夠在一個工作崗位上持續很長的一段時間。對你來說，有固定薪水的工作是最好的。自由業這種收入不穩定的職業並不適合你。

總之，你是屬於年輕時候辛苦，到了晚年就會嚐到甜果的類型。

男 魔羯座 金錢

你是個節儉家，對於金錢的感覺非常踏實，也許周圍的人會認爲你吝嗇，但是你並不以爲意，你了解金錢的重要性，所以若非有必要，你是不會亂花錢的。

你比較適合把錢存放在銀行、郵局或購買共同基金等穩定性的成長，賺取利息，而不適合買股票。

男　魔羯座　戀愛

你是屬於安全第一型，即使在戀愛方面也不會自己喜歡就行動，而會挑選適合自己的女性。當然，你也不會好高騖遠，追求與自己志趣不相投的女性。你會在平凡的愛情中找到眞正的安定。

你覺得燃燒得有如熊熊烈火的愛情，只是電視、電影中的情節，這種愛情是不適合在現實生活中發生的。

非常有耐性且認眞，能夠使女性快樂。但不擅長取悅女性，與其使用一些手段，不如在眞實的路上坦白地表達愛意。

性愛方面思想非常傳統，有責任感。除非和對方結婚，否則是不會和對方發生關係的。你不喜歡只追求性愛的愛。

男　魔羯座　婚姻

你會經過謹愼的思考之後，才選擇對象來結婚。遇到能夠和自己共度一輩子的女性，就會非常有耐力地來等待對方。但是，你也具有缺乏決斷力的一面，對於這種態度，也許女性會覺得非常焦急。掌握時機下決定是非常重要的，這時你必須要掌握時機，向你所愛的女性表達愛意。

在漫長的婚姻生活中，是需要有忍耐力的，必須要嘗過生活中的各種困苦，能夠越過才能夠長久地生活在一起。

婚後你絕不會花心，會長久地愛一位女性。

女 A血型 水瓶座

1月21日～2月18日

與O型的巨蟹座
或雙魚座的男性
相合性佳

Aquarius

女 水瓶座 性格

富有知性的洗練，腦筋轉得很快，非常關心美麗的事物。舉止楚楚動人，個性閃閃生輝。

是個非常喜歡自由，重視自己的意見的人。在女性中是非常難得，能夠以理論性來思考事物的人。

雖然不喜歡被定型，但是也不會脫離社會這個大框框，會重視禮節和道德心。該忍耐時，就具有非常強烈的忍耐心，因此很少和周圍的人發生衝突。

女 水瓶座 人際關係

不會隨隨便便的，具有穩健的社交性，但太過於表現自己的人不被人喜歡。

重視知性更甚於感情，表面上看起來有些冷酷，不管彼此的關係多密切，也不會逾越分際的闖入對方的內心。妳的交往方式是成熟的，異性朋友很多。

雖然妳很謹慎，也有溫柔的一面，但是妳是有主見的現代女性，受到五十歲以上的男性所喜愛，也能夠得到公司裡上司的信賴。

女 水瓶座 工作

不適合從事團體工作，而適合獨立作業，而且不是從事平凡的工作，是適合必須克服困難的工作。

比起一般的傳統產業，你比較適合從事與社會福利有關的工作，或是擔任美術館、博物館的學員。

即使進入一般的公司工作，也不適合從事事務性的工作，如果只是計算金錢方面的工作，只會扼殺妳的個性而已。如果進入大企業中，妳就被定型了，會使妳的魅力減半。

妳必須要活用自由，從事表現個性的工作，對妳來說才是最好的。作家、女演員等，能夠表現自己的工作都很好。

女 水瓶座 金錢

對於任何事情都沒有執著心的人，對於金錢的關心也很淡薄。由於過著簡單的生活，不需花費大筆的金錢。

金錢與其花在物質方面，寧願花在知性的享受上。只要能夠處於美麗的繪畫房間裡，即使只吃一片麵包也不以爲意。

女 水瓶座 戀愛

不會主動，但會吸引男性來追求自己。也會在言語中傳出訊息，妳懂得如何擄獲男性的心。

雖然妳很被動，但是男歡女愛的技巧卻是與生俱來的，因此，在無意中就掌握住男人的心了。

在同性的眼光中，妳這種態度是在賣弄自己，所以妳的男性朋友較多，女性朋友則較少。

妳和戀人的交往方式就像一般的朋友一樣，你們不太重視性，往往只是維持一種形式而已。與其在床上翻滾，寧可選擇在公園的長椅上聊天。

女 水瓶座 婚姻

看起來妳是在爲丈夫服務，但是妳是個充分表現出自己個性的人，基本上妳是屬於家庭的。如果夫妻之間的價值觀不一樣，會很難維持長久。最好是一邊維持友好關係，一邊使彼此的個性融合，才是最理想的。如果一味地想要配合對方而犧牲自己，彼此之間或多或少都會累積不滿，這是導致破裂的原因。

婚後，許多人還是繼續從事婚前的工作，在家事的分擔上，最好是一開始就把話說清楚，有很多男性一旦結婚以後，就全都交給太太來做了。戀愛和結婚是完全不同的，有必要充分掌握對方的本性。

男 A血型 水瓶座

1月21日～2月18日

與AB型的巨蟹座或雙魚座的女性相合性佳

Aquarius

男 水瓶座 性格

知性的志向強，會受限於社會規範。乍看之下，比較沒有魄力，內在卻非常堅強，也具有自己的價值觀不容扭曲的一面。

不拘泥於權威或形式，也不願意受任何人的束縛，希望依照自己的意思自由地生活，但是仍然會遵從社會常識的行動。

會從大局來掌握一件事物，會充分思考之後再付諸行動，不會輕舉妄動。在安靜中具有安定感。

男 水瓶座 人際關係

具有和他人保持距離的傾向，別人在想要到何時才能夠和這個人交心，但是你的心裡卻很討厭雙方黏在一起的感情。

不拘泥於上下關係或地位，而希望是對等的關係。與權威主義的人合不來，只和與自己合得來的人交往。只要合不來，即使一個人也不在意。從年輕時候，你就會和你尊敬的人交往。

即使是上司或前輩，一旦他們說了你無法接受的話，也會立刻予以反駁。因此，在公司裡你不被看好。

男 水瓶座 工作

你覺得精神上的自由比任何事物來得重要，沒有名利心，也不希望在社會上獲得任何大成功，討厭人多的組織，獨立心旺盛，屬於自己開創事業的類型。

選擇職業時，不重視未來性，也不重視收入，只會選擇自己想做的工作，並且有耐心地有始有終，但有時候會出現過敏反應。因此，會讓壓力留在自己的心中。有時候，需要團隊的工作，人際關係會弄得你很疲憊，所以最好是避免。

你適合當技師、研究者、發明家或小說家等，年輕時代的努力一定會獲得回報，到了晚年會成爲受到尊敬的人物。

男 水瓶座 金錢

在金錢方面不會有困擾，沒有錢的時候就少花錢，這種固執的態度也許不會受到好評。但是，即使沒有錢，你也甘於過著沒錢的生活。這是你最好的性格。

爲了提高內涵或取得某種資格，會不吝惜金錢的支出。你覺得吃得不好沒有關係，只要能夠做自己喜歡的事情就好了。

男 水瓶座 戀愛

雖然喜歡對方，卻說不出口，你不是會積極地追求對方的類型，而是等待著對方來引誘你。對於女性，你有神經過敏的一面，即使是不必太過意識的場合，你也會意識到對方的存在。因此，會讓大好的機會溜走了。在一對一交往比較困難的場合，建議你進行團體的交往。

你不會把你一生的愛只奉獻給一個女人，你有希望多交幾個女朋友的傾向，但是這也不表示你花心。人本來就是善變的，你認爲永遠的愛是不存在的。

在男性中屬於罕見的，喜歡輕柔接觸的性愛，會靜下心來好好地享受。

男 水瓶座 婚姻

你覺得結婚典禮是種形式，不必舉行也沒有關係，只要自己的生活過得多姿多采，結婚典禮何必辦得那麼豪華呢？你是屬於合理主義者，一般的女性都會希望自己的婚禮非常豪華，所以在這種情況下，價值觀往往就不同了。

如果夫妻之間的想法不同，是無法好好地生活的。例如，買房子的時候，是要買小套房、公寓或大樓等，都需要取得共識之後，才能夠決定。

就你的情形來說，因爲你的價值觀是不會改變的，在結婚之前應該把你的想法告訴對方，以免日後發生問題。

女 A血型 雙魚座

2月19日～3月20日

與O型的天秤座
或水瓶座的男性
相合性佳

女 雙魚座 性格

是善解人意的親切女性，看到別人有困難總是無法放任不管，感情非常纖細。

感受性也非常敏銳，往往會受到情緒所左右，會對於別人的痛苦感同身受。願意犧牲自己，照亮別人。

屬於纖細文靜的，對於藝術的感受性很強，非常謹慎，不會誇張地表現自己。

容易受到周圍的人影響，經常會由於交往對象的不同，而受到影響。

女 雙魚座 人際關係

妳是會爲他人消除痛苦，讓他人高興的活菩薩。親切而溫柔，能夠結下良好的人際關係。只是妳很容易受到別人的影響，一旦受到不好的影響，也許會走上歧途。關於這一點，必須要特別注意。

當對方要求妳，而妳的回答不是很明確時，往往會遭到誤解。雖然謹慎，謹守禮儀是很重要的，但最重要是要有清楚的自我主張，才能夠使人際關係良好。

女 雙魚座 工作

妳喜歡腳踏實地做一件事情，同情心比別人強，看到生病、貧困、有痛苦的人，妳都會想要助其一臂之力，妳擁有這種溫柔的心情。因此，妳適合從事與社會福利有關的事業或護士等工作。在任何環境中，妳都具備適應能力。

由於誠實地從事這項工作，會獲得很多人的感謝。在工作的決定性方面，與其看金錢，倒不如重視人際關係。

盡量在年輕時多和一些人交往，累積經驗，即使是剛開始做得不好的工作，慢慢地也能夠做得很好。只要忍耐地持續下去，就可以成爲明天的活力。

女 雙魚座 金錢

看起來好像很會花錢，其實妳的花費都是花在別人的身上較多。給雙親或弟妹零用錢、買貓食、約會費用等，妳總是很喜歡看到對方高興的表情。

即使自己的儲蓄沒有增加，但是只要過得快樂，妳的人生就很豐富了。

女 雙魚座 戀愛

容易受到影響的類型。例如，看到電

影畫面時，就會不知不覺地想要模仿他，或者會隨著劇情的起伏，而錯把朋友當作戀人。妳也禁不起別人一而再，再而三的追求，也許剛開始時不是那麼地喜歡對方，但是隨著兩個人約會次數的增加，在不知不覺中就會變成戀人般的關係。

有時候，會把同情心轉變成愛情，當妳在安慰被女朋友拋棄的男性時，不知不覺中就會和這位男性發生超友誼關係。

妳的性慾淡薄，只希望溫柔地被擁抱。在床上妳希望當個撒嬌的女孩。

女 雙魚座 婚姻

妳是屬於會禁不起對方的苦苦哀求，而和對方結婚的類型，其中也有一些妳無法拒絕對方，但是妳又不是那麼喜歡對方，而在這種情況下答應對方的求婚，然後才離婚的情形。因此，「閃電離婚」的例子也不會令人感到意外。

結婚是一生的事情，不要隨隨便便做決定。不喜歡對方就乾脆拒絕對方，也是爲對方好。徬徨是絕對要不得的。

結婚之後，會成爲爲丈夫奉獻的妻子，只是妳禁不起別人的甜言蜜語，如果有丈夫以外的男性對妳說一些好話，也許妳就會出軌了。尤其妳的丈夫不是妳很喜歡的對象時，更是如此。

爲了避免發生這種狀況，妳一定要和眞正所愛的人結婚，才能夠過著幸福的生活。因此，切記不要選擇錯誤。

男 A血型 雙魚座

2月19日～3月20日

與AB型的天秤座或水瓶座的女性相合性佳

Pisccs

男 雙魚座 性格

多半是屬於內斂，感覺敏銳的人。乍看之下，好像很喜歡依賴別人，但是對人卻非常體貼又好，柔弱的性格也是珍貴的財產。

不喜歡草率地處理一件事情，也不喜歡激烈的爭論，會注意到周圍的事情，以穩當的心情來面對。具有協調性，受到許多人的喜愛。

不太喜歡表現自己，但是在自己的心中有夢想，有時候別人根本不知道你心裡在想甚麼，因此，有時候需要下意識地發表自己的想法。

男 雙魚座 人際關係

也有神經過敏的人，太在意別人的眼光，想這又想那的。太過於注意小細節，弄得自己疲憊不堪。凡事都應該有個限度，有時候與其擔心他人的想法，倒不如對自己溫柔些。

富有同情心，有困難的人來找你商量的時候，你具有調整複雜關係的能力。不要爲了人際關係而煩惱，有時候不妨喝杯酒，放鬆一下精神。對於上司或前輩的邀約，最好爽快地答應吧！

男 雙魚座 工作

寧願從事工作內容本身非常充實的工作，也不願意從事充滿競爭性的工作。

你認爲只要內容充實，就會得到應有的評價。孜孜不倦於每天的工作，是很重要的。

你的個性很容易受到他人的影響，在工作方面也會因爲上司或前輩的關係，而影響到你的將來。在一般的公司裡，你是無法選擇你的上司的。但是，如果是屬於手工藝方面的工作，就能夠選擇你的老師。尤其很多人具有美和藝術的感覺，因此，建議你從事室內設計師的工作。

但是，你有意志薄弱的一面，所以有必要提醒自己，無論多麼辛苦，都需要堅持至最後。

男 雙魚座 金錢

不太節儉。你不太喜歡辛辛苦苦地工作，手頭會比較緊。但是，與其增加自己的財源，倒不如節約花費。

如味一味要節省支出而變得吝嗇，只會增加自己的壓力而已。因此，應該計劃好把薪水的一部分存下來，另一部分就可以花了。

男 雙魚座 戀愛

不善於稱讚女性或花言巧語，多半是屬於不太會說話的人。不善言詞的人即使遇到自己喜歡的女性，恐怕也無法向對方表示愛意，而要從一般的會話開始。如果你的會話無法取悅對方，對方是無法對你產生好感的。

許多人雖然有喜歡的對象，但是卻無法向對方表明自己的愛意。一旦喜歡對方，就要溫柔地對待對方，讓她覺得和你在一起非常安心。

以迂迴曲折的方式來表達自己的愛情，是方法之一。但是，如果對方實在不了解，就白費工夫了。這時候，你清楚的告白，反而會使女性感動。

在性愛方面，你不太具有持久力，應該以溫柔的接觸讓女性感動。

男 雙魚座 婚姻

一旦婚姻受挫則一切都完了。往後的人生都變得一敗塗地，決定結婚的時候，要非常謹慎。

你是屬於溫柔的崇拜女性主義者，而且是屬於比較優雅的人，往往會被年長女性牽著鼻子走，結婚之後才後悔莫及。

關於結婚方面，優柔寡斷是絕對要不得的，有很多年輕人都隨隨便便地結婚，但是結婚是一輩子的事，絕對不可以因爲一時的感情衝動而作決定。

如果你永遠都生活在夢中，夢是不會變成現實的。找一位沈著安定的女性，才能夠維持幸福的婚姻。

第三章

B血型的十二星座

女

B 血型

白羊座

3月21日～4月20日

與AB型的金牛座或處女座的男性相合性佳

女 白羊座 性格

活潑而獨立，屬於活動性，卻有缺乏彈性的一面。開朗而積極的性格是從孩提時代就形成的，有很多人從小就被視爲「管家婆」。

妳在思考之前會先行動，是重視瞬間靈感的人，往往一想到甚麼就立刻去做。

能夠率直地表現出來是件好事，但隨便的性格會招致周圍的人的困擾，因受到孤立。不要忘記經常要踩煞車。

女 白羊座 人際關係

如果無視於他人的存在，而出現意想不到的行動時，也許會和周圍的人起爭執。這點需要特別注意，只要注意這點，以妳開朗的個性一定會交到許多好朋友。

如果以挑戰的態度來面對年長者或人

生的前輩，可能會產生誤解。

率直地表現自我非常重要，但是有時候也必須要有壓抑自己的智慧，在漫長的人生中才會進行得圓滿。妳有「大姐頭」的一面，能夠獲得年輕同事的喜愛。

女 白羊座　工作

妳充分發揮工作者和玩家的資質，在孜孜不倦地工作的同時，遊玩的時候，妳也是非常活潑的行動派。

妳不適合單調或事先安排好的工作，比較適合從事記者或翻譯的工作。

雖然在一個企業中妳能夠發揮能力，但是一般的企業都需要協調性和重視團隊的工作，所以，妳最好是服務於外商公司或國際性的企業。

但是，如果妳要使自己更加活躍，應該從事應用自己直覺的工作，例如，進口一些很有趣的小飾品，自己當個女老闆，這麼一來，生意一定不錯。

女 白羊座　金錢

妳是屬於有多少花多少的類型，會獨自到國外去旅行，面對各種挑戰，花費大量的金錢。只要是自己想做的事情，妳會毫不猶豫地使用金錢。

往往也有衝動購買的情形，妳覺得錢花掉了再賺即可，因此也毫不在意。只是花錢花得太過時，有些人會乾脆去從事「危險的工作」，所以需要特別注意。

女 白羊座 **戀愛**

被譽爲常常談戀愛的女性，而且會被激烈如火一般的愛情燒傷身體。

不論是朋友的戀人或有婦之夫，只要妳喜歡就會採取行動，結果陷於「搶別人的愛人」或「偷情」的狀態。妳往往肯定這個戀人就付諸行動，但是，有時候對方會因無法接受妳的愛而感到困擾。

即使是普通的愛情也一樣，往往是瞬間就燃燒起來，妳也會一次同時和好幾個人交往。

在性愛方面，妳相當自由奔放，不論在公園或辦公室，只要一衝動起來隨處都可以做。妳喜歡刺激的性愛。

女 白羊座 **婚姻**

即使在結婚以後，仍然不會辭去工作，有婚後繼續工作的傾向。

此外，婚後妳的心仍然在外面，在家庭方面比較淡薄，這時候依照結婚對象的不同會面臨離婚的危機。

妳會很快地決定結婚，但是離婚時也是如此。妳不認爲婚姻是女人一輩子的事，即使離婚之後，也不會顯得心灰意冷。妳會很乾脆地再展開新的愛情。

二十歲之後，妳會覺得工作比婚姻更有趣。

妳不會聽丈夫所說的話，會任意行動。柔順且自我主張少的男性會適合妳。

男 B血型 白羊座

3月21日～4月20日

與O型的金牛座或處女座的女性相合性佳

Aries

男 白羊座 性格

你是充滿能量的突飛猛進型，只要想到甚麼就會立刻付諸實行，因此，充分地具備領導者的素質。

你的想法也非常樂觀，不會猶豫徬徨，會從正面來思考。即使非常辛苦，也不以此爲苦。

你的存在非常醒目，如果周圍的人沒有注意到你，你會覺得受不了。

但是，你也有焦躁、欠缺謹愼的一面。不過，這些都不是很大的缺點。

男 白羊座 人際關係

具有社交性，可以輕鬆地和任何人交往，很自然地你的周圍會聚集了很多人。人際關係非常廣，有各領域的朋友。

你的話題非常豐富，而且說話也很有

趣，能夠獲得同性和異性的好感。

你不太具有纖細性，無法感受到人際關係微妙的一面，在不考慮對方的心情下的一言一行，也許會傷害了對方。當自己說話的時候，要多注意一下。

男　白羊座　工作

你不怕任何事情，喜歡與人接觸的工作。如果是在企業界服務，適合從事與營業、接客有關的工作。此外，需要想像力的企劃、開發部門也很適合你。

只不過自我意識太強，不管什麼事情都不和他人商量，逕自做決定，這樣會混亂組織和團體的運作，要特別注意。

你對有興趣的工作，會全心全意的投入，但對於沒什麼興趣的工作，你也會適當的介入。

因爲容易厭煩的個性，使得你不斷換工作。

因爲你的獨立志向強，因此，即使現在是一個上班族，將來也可以開一家有興趣的店。

男　白羊座　金錢

你不太會管理財務，不懂得計劃性的使用金錢，常常是有多少就花多少。

和朋友出遊或約會時，你總是搶著付錢的那個人。通常在發薪水的前幾天，你就面臨了「無錢可用」的窘境。絕對不要嘗試信用貸款！

男 白羊座 戀愛

你的身邊大概會有很多戀人，由於你會積極的追求，對方也多半能接受你，因此，你很少只和一位女性交往，而是同時和多位女性交往。

令人意外的，年長的女性特別禁不起你的誘惑，這也許和你凡事皆要居於領導地位的個性有關。

你會用親吻或做愛來代替打招呼，而且性愛對你而言，就好像遊戲一般。

你的耐性較不足，因此，很討厭時間較長的性愛。雖然缺乏情調，但卻是精力旺盛的人。

男 白羊座 婚姻

個性開放，婚後也會常常帶朋友到家裡玩。有了孩子之後，你不會只和自己的家人出遊，喜歡找朋友的家人一起到海邊、山上度假，共同享受愉快的氣氛。總之，你是一個喜歡大夥熱熱鬧鬧的人。

大男人主義的你，掌握家中實權。你認爲家是休息的場所，所以希望妻子能留在家裡，不要出去工作。

你不會採納妻子的建議，不論大小事情都由自己決定。如果另一半的個性很強，你們一定會發生衝突。

結婚對象最好是忠實、柔順，或是較會禮讓你的年長女性。

女 B血型 金牛座

4月21日～5月21日

與AB型的白羊座或射手座的男性相合性佳

Taurus

女 金牛座 性格

溫柔、優雅，乍看之下非常開朗，但妳的內心深處卻很容易感到寂寞，很討厭自己陷入孤獨的狀態。

不管和誰都能成爲好朋友，這也正顯現出妳內心的衰弱。如果面對事物時能更堅定，會使妳的運氣大大的提升。

妳有優柔寡斷的一面，決斷力不足。如果凡事只強調忍耐，未來是很難拓展的。最好刻意強調B型開朗奔放的一面。

女 金牛座 人際關係

妳十分在意人與人之間的關係，加上有一點頑固、缺乏協調性，因此，往往會爲人際關係所苦惱。但由於外表看來活潑開朗，所以他人不易察覺妳的煩惱，這正是妳所在意的。

在注意人際協調之餘，也別忘了自己。擁有多方興趣的妳，應該能在社團中找到志同道合的朋友。

興趣相同的人，在性格及性向方面應該相去不遠。

女 金牛座 工作

妳在工作方面具有柔軟思考及應用的能力，是一個公私分明的人。

被交付的工作，妳都不會嫌麻煩，並且能確實實行，深受上司的喜愛。

只不過有時會因職場關係而苦惱，偶爾也會招惹埋怨。下次再遇到這種情形，不要勉強，乾脆向公司請個假，泡泡溫泉或度個假，放鬆自己一下吧！

對金牛座的人而言，放鬆的狀態比焦急的狀態更能發揮實力。與其各方面配合他人，不如重視自己的個性，在工作上才能得到好的成績。

女 金牛座 金錢

妳對金錢有平衡感，該省就省，該花就花。妳是重點豪華主義者，某方面很奢侈，但在其他方面，即使以最樸實的方式，妳也過得下去。偶爾的浪費，在妳看來就好像生活的糧食一樣。

女 金牛座 戀愛

乍看之下，妳是一個非常溫順、什麼話都可以說的人，但實際上卻有頑固的一面。如果遇到不喜歡的人，妳是不會給他好臉色看的。

正因爲如此，有時別人會認爲妳不夠溫柔。不要只是一味附和對方，當妳討厭一個人時，就應該清楚的告訴他，這樣才能使妳的愛情運上揚。

對於愛人，妳有強烈的佔有慾，絕不允許男友和自己以外的女性往來。一旦喜歡上一個人，就會出現連自己也無法控制的激烈表現。

妳對性愛雖不積極，但潛意識裡卻渴望性愛所帶來的快樂，不過絕不會在情人面前表現出來。

建議妳在喜歡的人面前完全放開自己，偶爾表現出大膽的舉動也不錯！

女 金牛座 婚姻

渴望美滿的婚姻。妳是活在現實裡的人，唯獨對婚姻的理想特別高。往往就是這個原因，而使機會逃走了。

「就是他！」當妳有這樣的想法時，就會毫不猶豫的與他踏上紅毯的另一端。

婚後的生活安定，因爲妳具有忍耐力，所以能允許丈夫適度的任性。

結了婚的妳仍然會繼續工作，一邊協助家務。但有了小孩之後，就會辭去工作，以家庭爲重。

如果丈夫希望妳能做一個專職的家庭主婦，妳就會辭去工作來配合他，並會將家庭照顧得很好。

男 B血型 金牛座

4月21日～5月21日

與O型的白羊座或射手座的女性相合性佳

Taurus

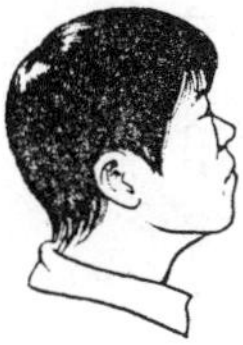

男 金牛座 性格

事實上你比外表更害羞、內向。爲了掩飾自己的內向，有時會刻意表現出活潑的樣子，但這完全不符合你的個性。

和大夥一塊嬉戲、喧嘩後，你就會出現面對自己、思考某些問題的內向一面。

正因爲如此，你非常關心他人，誠懇以對，因此，深獲他人信賴。

你屬於擁有信念、富有責任感的人，能踏實的往前邁進。而且具有融通性，在面對難題時，你總是能使雙方更加親密。

男 金牛座 人際關係

不論和誰都處得來，但在內心深處，卻又覺得和對方只是點頭之交，並不是那麼深入。

你是個誠實的人，雖然交友廣闊，但

眞正的好朋友並不多。

你應該試著敞開自己，誠實又溫柔的你，一定能獲得更多人的好感。

一旦相信對方，將對方視爲好朋友，就一定不會背叛對方，這就是你的美德。

不管對長者或年輕的朋友，你都會一視同仁，皆以誠懇的態度面對。

男 金牛座 工作

會經常在各方面下工夫，努力提高工作效率。你能夠很靈巧的完成被賦予的工作，並以軟性的態度來面對。

不過，你多少有欠缺協調性的時候。因此要注意，別打亂了團隊的狀態。

一旦遇到挫折，就不容易再站起來，這也是你最大的弱點。

安全第一，如果從事的是具危險性的工作，最好先向上司或前輩請教過再進行。以好奇心面對事物也很重要！

如果你以保守的心態面對工作，則會出現缺乏彈性與變化的情形，所以應時常刻意的變換一下工作內容。

男 金牛座 金錢

因爲個性帶點吝嗇，所以當過度使用金錢時，會感到後悔與心疼。但是在金錢方面，你是不會有什麼太大的困擾。

當發現自己花太多錢時，就會巧妙的控制自己。從很年輕時就會開始準備購屋或結婚基金。

男 金牛座 戀愛

會想要獨佔自己喜歡的人。即使對方不喜歡你，也會展開攻勢，不斷送對方禮物、或不停的打電話。對喜歡的人，你具有旺盛的服務精神。

此外，嫉妒心也很重，往往會讓人覺得備受監視，因而討厭你。這點必須要特別注意。但另一方面，你不會同時和多位女性交往，而是專心的愛一個人。你是女性可以放心交往的對象。

你對性愛有很大的興趣，只要有一次關係，縱使對方不願意，你也會不斷提出要求。親吻、愛撫是無法滿足你的，你渴望眞正的性愛。

男 金牛座 婚姻

渴望安定的婚姻，雖然沒有偉大的夢想，但你希望擁有一個踏實、平凡的家庭。

經濟觀念良好，結婚之後就不會再和同事出去喝酒了，下班後立刻回家。

你的另一半最好是顧家型的女性。太過華麗的都會女性並不適合你，踏實、樸質的女性才是理想的伴侶。

身負丈夫的責任，會拼命的工作，但小心別過度疲勞了！

希望安定的你，婚後的事業運應該也會向上，家庭對你來說，就像是一個停靠的港灣。

女 B血型 雙子座

5月22日~6月21日

與AB型的巨蟹座或天蠍座的男性相合性佳

女 雙子座 性格

性格開朗，臉上總是掛著微笑，深獲大家的喜愛。

好奇心旺盛，會積極向新事物挑戰。

不過妳屬於三分鐘熱度的人，興趣會不斷改變。

腦筋動得快、機靈，但不夠踏實，所以讓人覺得比較浮躁。

女 雙子座 人際關係

話題豐富，能輕輕鬆鬆就和他人聊起來了。認識的人很多，朋友也不少，周圍總是有朋友圍繞著。在團體之中，妳常擔任領導者的角色。

興趣廣泛，會參與各種活動。所以在工作之外，認識的人也不少。

但希望妳能特別注意，所謂「沈默是

金」，不要因多話而造成他人的反感。尤其是在長輩面前，多少控制自己一點。

女 雙子座 工作

語文能力佳，表現力很豐富，所以適合當記者或廣播人員。若語文造詣不錯，也很適合擔任翻譯工作。此外，妳也很適合從事媒體相關工作。

如果在公司服務，人際關係應該不錯。

建議妳使用電腦來獲得資訊、情報。除了工作內容之外，妳也擅於利用各種管道，收集公司內的資訊及情報。

但必須要懂得適可而止，否則只會樹立更多敵人。

妳是一個典型的工作狂，不是一些小事情就可以滿足妳的。因此，有不少女性在下班後都會積極從事副業。

不過要特別注意，不要「這也想，那也要」，最後一事無成。

女 雙子座 金錢

金錢方面沒有煩惱，不過有時會因衝動消費而散財。

不會計劃性的使用金錢，常會遇到還沒發薪水，口袋就空空的情形。

但因妳的生性樂觀，所以也不太在意這些事情，反正「明天的事情，明天再說吧！」

女 雙子座 戀愛

情感早熟，和誰都能輕鬆的交往。也許在別人眼中，妳是個「愛玩的女孩」。喜歡說話，經常抱著電話不放。即使對方不打電話來，也會積極的打電話給對方，因爲妳很容易寂寞。

會同時和多位男性交往，因爲妳認爲，如果只守著一個人，一旦失戀了，那不是很寂寞嗎?因爲很喜歡說話，所以就算男友不愛說話也沒關係。反而這種沈默寡言的男性比較適合妳。

在性愛方面，妳也很積極。不會被動的等著對方來擁抱妳，而會主動採取行動。妳喜歡刺激的性愛。

女 雙子座 婚姻

婚後仍會繼續工作。不屬於成天守在家的女人，因此，在考慮結婚對象時，最好選擇贊成妳出外工作的男性。

因爲妳比較外向，所以最好選擇寬容性較大且同屬外向型的人，這樣婚姻關係才可以維持長久。

妳要求變化，生性喜歡自由，無聊的男性無法讓妳感到滿足。即使結了婚，仍會要求丈夫像在談戀愛時陪著妳享受人生。由於非常瞭解自己這種性格，幾乎一開始都不考慮結婚，會嚮往單身生活。

妳不認爲婚姻是人生的一切，即使到了某個年齡，仍然會高呼單身萬歲!

男 B血型 雙子座

5月22日～6月21日

與O型的巨蟹座或天蠍座的女性相合性佳

Gemini

男 雙子座 性格

個性開朗、樂觀，不管和誰都能打成一片。毫不做作，加上頭腦好，因此非常受人歡迎。但也容易被人歸類爲「愛賣弄的傢伙」，而被人討厭，要特別注意！

求知慾強，喜歡學習新事物，掌握新的資訊。不過大多數人這會一點，那懂一些，到頭來都是一知半解而已。

男 雙子座 人際關係

好奇心強，能和形形色色的人交往。你不在乎對方的年齡、國籍、膚色，人際網路會越來越廣。

不只是本國人，還會結交一些外國的好朋友。千萬不要以輕浮的態度和對方交往，應該以踏實的態度面對他人，才能使你的人際關係更深入。

在長者面前，不要太表現自己，或顯得多話，應該表現得謙虛、誠懇。

男 雙子座　工作

會關心各種領域，而且可以同時進行好幾種事情。

辯才無礙，是屬於超級營業員型。

雖然沒有紮實的才能，但你有隨機應變的本事，所以從事接待或服務業，應該可以成功。但若常常換工作，就無法贏得他人的信賴了。

能夠從他人沒有留意的角度來掌握事情，在工作中能巧妙應付各種突發狀況。

多才多藝，但要小心因疏忽而造成的錯誤。因爲你的粗心大意，有時會使小差池釀成大錯誤。

男 雙子座　金錢

經常與人往來，所以許多金錢都使用在交際費上頭。

對你而言，金錢是人際關係的潤滑劑。由於用錢大方，所以年輕時是無法存錢的。

但很少有金錢方面的困擾，這也許是你的天性較樂觀，也有點財運的關係吧！

男 雙子座　戀愛

多半是感情豐富的人。很會說些甜言蜜語，並對女性獻殷勤。

尤其會稱讚女性的優點，而使對方覺

得心情很好。由於很會和女性談天，所以一開始也弄不清楚對方究竟是情人？還是朋友？

你希望享受像遊戲一般的愛情，所以不會只和一位女性交往，而會同時和許多人交往。你也會隨便拋棄女友，具有這種冷酷的一面。

對性愛方面的關心度很高，但是用嘴巴說說，遠比實際行動來得強。

有時候，言語上的挑逗，比肉體更能讓女孩子快樂，常說些能讓女孩子開心的話吧！

男 雙子座 婚姻

你不喜歡孤獨，所以結婚之後，也是屬於夫婦一同出外散步的類型。

多半屬於現代型的夫婦，到了假日，仍會像戀愛時一般的約會。例如，喜歡打棒球的男性，也會希望妻子或孩子能夠參與，或到場爲自己加油。

你受不了一直待在家裡。如果妻子屬於戀家的女性，不喜歡往外跑，會使你不滿足。你要求經常變化，否則你會不安心。

你認爲女性理應工作，如果妻子是專職的家庭主婦，會使你感到乏味，甚至會導致離婚。

也有很多人是屬於容易感到厭煩、容易花心的類型。

女 B血型 巨蟹座

6月22日～7月22日

與AB型的水瓶座
或雙子座的男性
相合性佳

Cancer

女 巨蟹座 性格

活潑有朝氣，很會照顧別人。常將他人的事情視爲自己的，就像是對待自己的孩子一樣，無私的奉獻。事事想到別人，而不會爲自己著想。

屬於感覺行動型，常不經大腦思考就行動。只要想做一件事，往往不會考慮到後果，就急忙行事。

有時也會因一己之私，而有三心二意的情形出現。但人非聖賢，會自私的把自己擺在第一位，也是無可厚非的。

女 巨蟹座 人際關係

交朋友對妳而言並非難事，因此，妳的身邊總是圍繞很多朋友。

妳的表現慾很強，是屬於自我中心的人。有些人凡事都以自我爲中心，覺得自己像「女王」一樣。如果朋友能接受倒還好，但若有人無法接受，妳就會被大家排斥，要特別注意！

但基本上而言，妳是屬於受人歡迎的類型。只要能以充滿愛心的態度待人，一定會獲得大家的信賴及重視。

女 巨蟹座 工作

積極向前看，覺得唯有從工作中才能找到快樂。

有許多人年輕時都將重心放在工作中，而忙得沒時間戀愛。但若非要二選一，大多數的人還是會選擇愛情。

因爲善於與人交往，所以選擇服務業或業務員也不錯。

此外，因具備理性思考，因此，從事文化、藝術性質的工作，會比數理方面的工作更適合妳。

如果妳是一個充滿愛心的人，從事義工也是不錯的選擇。雖然無法賺取很多金錢，但在心靈卻能獲得極大的滿足感。

女 巨蟹座 金錢

花錢時有些情緒化，多半不會有計劃的使用。

「情緒寫在臉上」是妳的寫照，會有衝動購買的情形出現。

不妨利用節源開流法，先提撥薪水的一部份存起來，如此才能有效的強迫自己儲蓄。

女 巨蟹座 戀愛

出乎意料之外的，妳是非常依賴男性的類型。在工作方面講求完美，也很會照顧人，但在感情方面就很依賴男人了。

對人沒有警戒心，不論和誰都能輕鬆的交往。要注意別被壞男人騙了！

雖然戀愛經驗豐富，但也有人很難遇到眞命天子。

因此，妳不應該同時和多位男性交往，而是將目標集中在特定人選上。

性愛方面喜歡滿足對方，雖然本身沒什麼感覺，但只要能讓喜歡的人高興，自己就會表現出很好的演技。

女 巨蟹座 婚姻

具有決斷力，只要遇到喜歡的對象，就會毫不遲疑的結婚。因個性坦率直爽，所以擁有很多男性朋友。但許多人僅止於和對方交往而已，以致無法論及婚嫁。

應該有淸楚的「結婚目標」，並和特定的對象交往。

婚後持續工作的女性，會爲了「照顧孩子」而辭去工作，基本上是以家庭爲主的類型。

雖然具有生活力，但不會在丈夫面前強出頭，而是在背後默默的支持他。

即使在結婚前是一個非常重視工作的人，婚後仍然會以家庭爲重。

男 B血型 巨蟹座

6月22日～7月22日

與O型的水瓶座或雙子座的女性相合性佳

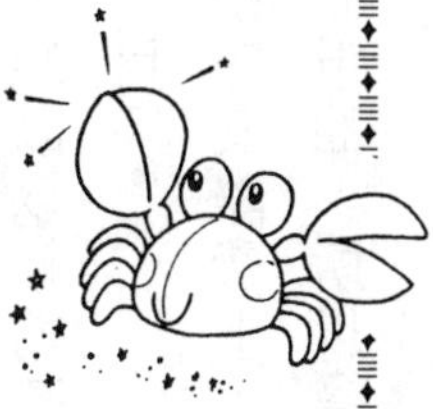

Cancer

男 巨蟹座 性格

活潑又有精力，但也有情緒化、易落淚的脆弱時候。屬於直覺型的人，好惡非常分明。

極重視愛情，也很重視自己的現實生活。會積極的照顧他人，是個很體貼的男性。

只不過喜怒哀樂的表現激烈，因此常招致他人的誤解。對自己喜歡的人非常熱情，但對自己不喜歡的人則十分冷漠。不要只是關在自己的框框裡，應該以更開放的心來面對大眾。

男 巨蟹座 人際關係

好奇心強，能和形形色色的人交往，對人很親切。非常重感情，只要相信一個人，就會將他視爲一輩子的好友。

你的好惡分明，對喜歡的人，不論男女，都會很親切的照顧對方，但對討厭的人，則會理都不理他。

討厭孤獨，喜歡和大夥在一起的熱鬧感覺，只不過在胡鬧一番之後，卻又會感到一股莫名的失落。

男 巨蟹座 工作

很會用人，話題也很豐富，適合從事業務相關的工作。此外，感性銳利、頭腦靈活，加上喜歡向外跑，很適合從事新聞記者，或廣播節目。

確立密切的交友關係，拓展人際網路，藉由彼此能力的互通，可以間接協助工作。

透過朋友也可以使自己的工作範圍更廣，年節時別忘了寄張卡片，聯絡聯絡感情。

具有指導者的資質，外向、積極，只要充分發揮潛力，工作一定會成功的。

事業有成後，不要好高鶩遠，應該專注在一個領域當中。

男 巨蟹座 金錢

最好訂定一個目標再存錢，你多半不會毫無目的的存錢，應該以結婚基金或旅行基金等名目來激勵自己。

會投注大量金錢在交際費上，你認爲人際關係是最好的潤滑油，所以毫不吝嗇在這方面花錢。

男 巨蟹座 戀愛

雖然一開始交往是抱著玩玩的心態，一旦失戀，仍會顯得十分落寞。不過你也不會一直傷心下去，沒多久，就會轉而尋找其她的對象。

獨佔慾強，用情深，一旦愛上對方，眼中就容不下其他人了。因爲只在乎眼前的她，也許就會疏忽了周遭的朋友。

希望由自己來引導對方，很重視氣氛，因此，會在選擇有氣氛大都市約會。

在性愛方面，你喜歡看見對方滿足的模樣。只要看見在床上沈睡中的女性的模樣，就會很滿足。

男 巨蟹座 婚姻

一般而言，你非常重視妻兒和家庭，是屬於愛家型的爸爸。

但若太過極端，則會使你的生活圈僅侷限在家庭中，而會和社會中其他關係越來越淡薄。因此，要刻意的增加地方上的交往。

應該積極的參加學校的家長會，或地方的社團活動，創造出家庭以外的人際關係。本來就喜歡照顧他人的你，可以很容易的融入團體當中，獲得地方上的好評。

你是一個重視現實的人，所以不會隨隨便便的就結婚。不過一旦結婚，就會終其一生的守候著伴侶。

女 B血型 獅子座

7月23日～8月22日

與AB型的魔羯座或處女座的男性相合性佳

女 獅子座 性格

充滿朝氣、活潑，是富變化的人。個性獨立，在女性裡頭屬於會率先開創自己道路的類型。個性非常熱情而激烈，不將周圍的人放在眼裡，而依照自己的方式去做。這樣會帶給周圍的人困擾，應該以大而化之的態度面對事物。

自尊心強應該用在正面的地方，只要不表現目中無人的態度，就能發揮所具備的領導能力，而成爲團體中的中心人物。

女 獅子座 人際關係

開朗、有朝氣，不論和誰都能輕鬆的相處。因爲個性明朗的關係，所以有很多朋友。不過因爲自尊心很強，所以常會恣意而爲。如果朋友都離妳遠去，只留下妳一個人，妳就會感到強烈的寂寞感。有些人爲了逃離這種孤寂，會找一大群人一起湊熱鬧。

年輕時還無妨，但過某種年紀就應該要收斂自己的脾氣，必須要考慮到對方的心情。與其和一大群人交往，不如交幾個值得信賴的好朋友。

女獅子座 工作

適合俐落、能充分顯現結果的工作，像運動或立刻就能分出勝負的工作比較適合妳，妳能在這些領域中非常活躍。

在職場中，不會只像一朵陪襯的花，會擔任管理的工作。如果妳只將眼光放在工作上，可能會被周圍的人所孤立。

因爲非常認眞的投入工作，所以往往會以嚴厲的口吻苛責能力差或缺乏膽識的人。如果做得太過火，就算眞的是爲了公司好，也難免引起反彈，結果只會使工作進展不順。

如果妳能更懂得用人的道理，就越能獲得成功的機會。

女獅子座 金錢

對流行非常敏感，有衝動購物的傾向。妳並不會想要存錢，或在意自己花錢花太兇了。就算缺錢也不煩惱，反正明天的事情，明天再說吧！妳就是這樣樂觀的一個人。

有經濟能力，因此，妳也不會斤斤計較，而以大方的態度來看待金錢。

女獅子座　戀愛

很討厭彆扭或無法曝光的戀情。在愛情方面，妳非常大膽，一旦有交往對象，就一定會向大家宣布。即使對方有妻子妳也不在乎，只考慮到自己的感情，因而有時候也帶來不少麻煩。

妳總是希望能握有愛情的主控權。只要有了心儀的對象，就會一廂情願的認定對方也同樣喜歡自己。一旦討厭對方，妳就會毫不考慮對方的心情，而會非常乾脆的一刀兩斷。

和誰都可以交往，在性愛方面非常奔放，會以女王般的姿態出現。如果對方無法滿足妳，可能會就此和他說拜拜了！

女獅子座　婚姻

不拘泥於婚姻的形式，認爲兩個人在一起是否快樂，比結婚證書更重要。

多半屬於樂天派，對婚姻生活不會想得那麼深入，想怎麼做就怎麼做。

即使婚後也不會將所有心思都放在丈夫身上，不會在乎丈夫想吃些什麼？只會爲自己著想。如果妳的另一半不是相當具有寬容性，你們是無法平和相處的。

對妳而言，最重要的信條就是「快不快樂」。一旦結婚之後，夫妻倆一定要有多方面的興趣，經常到各地去玩，爲夫妻之間的關係增添一些刺激感。妳期待快樂的婚姻，更勝於幸福的婚姻。

男 B血型 獅子座

7月23日～8月22日

與O型的魔羯座或處女座的女性相合性佳

男 獅子座 性格

開朗的行動派，屬於向前衝類型。有著戲劇化的人生，與其過著平順的生活，寧願期待大起大落的不平凡的人生。

權力慾很高，會向未知的將來挑戰。你也很好面子，非常害怕自己的自尊心遭到傷害。

具備領導者的特質，但若態度高傲，是沒有人會服從你的。

會積極的往前看，不會莫名其妙的停在原地煩惱。

男 獅子座 人際關係

對人開放，具備來者不拒的度量。

話題豐富，認爲寬廣的人際關係是人生的精神糧食。

會位於他人之上，以指導者的姿態指

導他人。因爲這種強烈的領導慾望，所以在年輕時要特別注意，不要因爲自己的傲慢，招致大家的反彈。但隨年齡的增長，卻有很多人認爲你很值得依賴。

取而代之的，你樹立的敵人也不少。別隨時懷著警戒心，應該盡量將大家都當成你的好朋友。

男 獅子座 工作

充滿自信、精力旺盛，好奇心強，能隨時挑戰新的工作。不願意被人使喚，而喜歡使喚他人。

爲了因應國際化趨勢，不要只把眼光侷限在國內，應該盡量往國外發展。

即使一開始到公司行號服務，但過不了多久，你的獨立性格就會展現出來了。你也希望自己是老闆，即使只是一家小小的公司也好。

即使繼續留在公司工作，成功慾也非常旺盛，絕不會只安於做個小小的職員，而會盡量往頂尖的位置邁進。因爲能力很強，所以能夠獲得某種程度的地位。但太過強求，只會使自己跌得更深，很可能因而產生心病。

男 獅子座 金錢

因爲興趣與交友廣泛，所以錢也是左手進右手出。對存錢這回事，你是「想都沒想過」，反正沒錢再賺就有了。

你只在意做自己喜歡做的事，至於錢

就擺在第二位吧！

多半是風險或投機事業的創始者。

男 獅子座 戀愛

對交女朋友很有一套，所以戀人很多。對女性為所欲為，不會考慮到對方的心情，只會照自己想的去做。

不要談約會的節目了，就連髮型、服裝，都會要求對方要照你的喜好。在順從的女性已經不多的今天，太過任性的男人是會被討厭的。

你和非常年輕的女性交往會較順利。

你對性愛十分狂熱，幾乎到了無法控制的地步。即使沒有感情，只要說一些甜言蜜語，你就會帶著對方上旅館去了。尤其酒後更能增加這股衝動。

男 獅子座 婚姻

自己夜歸沒關係，卻要求妻子要乖乖待在家裡。

此外，你也是不太顧家的人，如果妻子不是非常溫順、顧家的女性，是無法忍受的。偷情的機率很大，只要看到順眼的女性，也許就會和她來往。而且只要喜歡上一個人，就會有想要結婚的衝動。

年輕時會盡情享樂，從認識一直到決定要和「這個人」共度一生的時間並不長。

對你而言，晚婚比較能帶給你幸福的婚姻。

女 B血型 處女座

8月23日～9月23日

與AB型的白羊座或獅子座的男性相合性佳

女 處女座 性格

開朗、聰明，求知慾強，涉及各個領域，是智慧又踏實的女性。

纖細的感性中也有大膽的一面。缺點是愛說話，話太多會大大降低妳的知性。

機智、充滿才氣，就算不刻意表現自己，妳仍能自然的發揮出來。記住，越謙虛越能得到周圍人的認同。

女 處女座 人際關係

交際手腕佳，能和人相處得非常融洽，因此朋友很多。

不過妳很愛打探別人的消息，說長道短的，要特別注意。自己知道的事情，尤其是關於他人秘密，千萬不要到處說給人聽。

妳也有過於武斷的一面，沒有注意聽

別人說話就隨便下判斷，容易產生誤解，需要特別留意。

愛八卦的女性會被人討厭，如果能帶給對方清新、俐落的印象，人際關係將會更圓滿。

處女座 工作

理解能力高，能在務實的工作中發揮妳的能力。此外，妳講究禮儀，所以在公司裡非常受重視。

也有不沈著的時刻，一旦遇到挫折時就會嫌麻煩而逃離，這是妳的弱點。

妳的好惡表現是否激烈？是不是禁不起壓力呢？與其勉強自己做不喜歡的工作，不如儘早找一份適合自己的工作。此外，培養耐性也很重要！

妳比較適合從事人際間與國際間交流的相關工作。建議妳往國貿、旅遊業發展。累積工作經驗之後，妳將會有很好的表現。

處女座 金錢

基本上，妳有健全的金錢概念。當情緒焦躁，在工作中發生錯誤時，妳也會有衝動購買的情形。至於衝動購買的物品，往往是衣服及飾品之類。反正這些東西日後還可以用，所以也沒什麼不好啦！

妳屬於一板一眼的個性，會利用記帳的方式作金錢管理，這對婚後的生活也會有幫助。

女 處女座 戀愛

很喜歡談戀愛，但總是無法開花結果，因此顯得很焦急。通常在一段戀情尚未結束之前，又會展開另一段戀情，而導致兩頭空。妳追求的是富於變化的愛情。

非常害怕他人刺痛自己愛情的傷口，這時只要有男人對妳非常溫柔，就會又墜入情網了。建議妳還是多瞭解對方一點後，再做進一步的交往。

妳也嚮往純純的愛，雖然渴望談一場轟轟烈烈的戀情，但至今仍在原地踏步。

性愛方面，妳比較喜歡享受溫柔的肌膚之親，即使外在舉止奔放，但妳的內心還是十分認眞的。

女 處女座 婚姻

雖然是自己的事情，但眞要論及婚嫁，妳又會猶豫不決了，因而就這樣一直拖下去。如果妳的態度始終曖昧不明，男性也會越來越討厭妳，最後選擇離開。

結婚一定是有得有失，所以妳也應該乾脆的下決定。

有時候妳的考量也很實際，但在內心深處仍想作個賢妻良母。不過這種思想不太符合現今潮流，所以，極力會壓抑這種心情。

追隨著流行腳步固然重要，但誠實的表達自己內心的想法，才是最重要的！

男 B血型 處女座

8月23日～9月23日

與O型的白羊座或獅子座的女性相合性佳

男 處女座 性格

知性、重秩序的好青年，不會有失控的情況出現，喜歡安定的狀態。

能注意到非常細微的部分，動作靈敏，能發揮善於照顧人的優點。感受性豐富，喜歡洗練的對話，有稍微愛說話的現象。

當然也會粗心大意，但最後都能妥善處理，不會捅什麼大紕漏。

經常站在現實的立場來思考事物，不會有輕浮的舉動。

男 處女座 人際關係

具有洞察對方心情的能力，但也容易受他人意見所左右。若對方對你的話存有疑問，就會使你很生氣。

儀容端正，在男性中算是愛乾淨、會

整理的類型，因而受到長者的喜愛。

坦率、直爽、社交手腕佳，和任何人都談得來。朋友越多，運氣也就越好，積極敞開心扉，往人多的地方出發吧！

男 處女座 工作

即使工作麻煩，你也會腳踏實地的去做，能勝任重要的職務。

如果動不動就厭煩，做起事來馬馬虎虎，那麼幸運一定會溜走的。因此，一定要非常成熟穩健的投入一件工作當中。

話雖如此，但人生中偶爾還是需要冒險的。具有獨創性、想像力豐富的人，就能運用智慧創造一些好的構想，開發無限的商機。

建議你從事貿易方面的工作，跨足世界各地，以超越國境的國際企業爲目標。

求知慾很強，因此，也有不少人從事教職。

男 處女座 金錢

最好能以理性與知識管理金錢，如果年輕時盡情享受而揮霍金錢，那麼往後的日子將會一無所有。

你基本上屬於踏實的人，所以應該以自己爲中心，將錢花在交際、買書或自我成長等方面。

男 處女座 戀愛

乍看之下頗爲消極，但事實上屬於行

動派。

大多數人對異性的好惡分明，尤其很多人都不喜歡頭腦不靈光的女性。因爲這類女性的話題較無趣，所以，你會覺得和她在一起非常無聊。你重視女友的內涵更勝於性感。

對女性非常忠實與包容，所以談起戀愛無往不利。只不過女性會對你的認眞程度存有疑惑，對女性來說，想要掌握你的心實在不容易。

一開始，你會像貓咪一樣溫馴。但習慣之後，就會積極的享受性愛。

男 處女座 婚姻

對於婚姻十分愼重，會透過認眞思考後，才會決定與對方走進結婚禮堂。

以實際生活作爲第一考量，不會追求羅曼蒂克的氣氛與不切實際的夢想。不論多麼喜歡對方，若僅止於喜歡，那是不夠的。兩人若想共組家庭，則對方一定要符合你的安定性。

從認識到結婚，也許會花上相當長的一段時間。但婚後的你，確實是個相當重視妻兒的好先生、好爸爸。

只要你重視夫妻之間的感情，努力經營家庭生活，擁有幸福的人生並非難事。反之，如果結婚沒多久就感到厭倦，下半輩子注定要吃苦了。

請多多爲妻子設想，即使細微的小地方也一樣，像熱戀一般的深愛她吧！

女 B血型 天秤座

9月24日～10月23日

與AB型的天蠍座或雙魚座的男性相合性佳

Libra

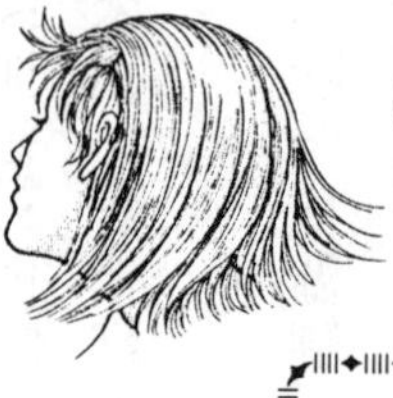

女 天秤座 性格

朝氣蓬勃、充滿精力，自我表現慾非常強。不像其他女性的謹慎，會積極往自己關心的領域發展，並能面對挑戰，創造多采多姿的生活。

具有知性、頭腦靈活，擁有主見，在傳統的眼光裡就像是一陣煙一樣。妳的平衡感很好，個性收放自如，具有勇氣。稍微有點男性化，最大的缺點就是愛講小道理。

女 天秤座 人際關係

很容易與人親近，有良好的社交性，不論對誰都能敞開心扉，能立刻就和對方打成一片。非常坦率及健談，因而身邊總是聚集很多人。但年輕時過於豪放不羈，則容易和人起衝突。隨年齡增長，妳應該慢慢學習如何在人際間更圓滑，這樣才能使妳的人生際遇更加暢通，成爲更優秀的女性。

當人際關係發生衝突時，應該跳出這個框框，站在他人的立場加以判斷。持續累積這種訓練，可以增加對人的觀察力。

女 天秤座　工作

自尊心強，不喜歡受人指使，喜歡主動出擊。與其在公司上班，不如運用妳的才能，出去闖一番事業。

從事人與人間的協調或仲介方面的工作，例如諮商、房屋仲介等都不錯。此外，與健康或社會福利相關的工作，例如臨床心理師或針灸師也很好。

選擇工作時不要劃地自限，應該要以宏觀的視野來加以抉擇。

如果從事符合自己興趣的工作更會成功。與其爲賺錢而委屈自己做不喜歡的工作，還不如把錢看開點，投入自己想做的工作最重要。

女 天秤座　金錢

喜歡新事物，屬於比較浪費的人。

因爲興趣多，交際的範圍也廣，只要稍不留意，金錢就會一直流出去。一直等到發現時，錢已經不夠用了。

千萬不要這也想買、那也想買，應該採取重點豪華主義，只買最重要與最想要的東西。

女 天秤座 戀愛

好像有很多男友的樣子，和誰都能交往。因此在旁人看來，妳是一個玩心很重的女孩。

與其只和一個人交往，不如從衆人中找出一個眞正値得稱爲戀人的人。

喜歡外出而不喜歡待在家，因此，約會也是妳主動提出的，妳也會很大膽的邀他到自己喜歡的地方去。

談戀愛的次數越多，失戀的次數自然也就越多。但妳無須太拘泥於過去的事情，應該勇往直前追尋新的戀情！

也有性衝動時，如果想吸引男人，就表現出嬌媚的神情及撒嬌的聲音吧！

女 天秤座 婚姻

因爲生性樂觀，所以結婚之後也不會被家庭壓得喘不過氣來，會充分享受婚姻生活。不會受他人的影響，而以自己的步調與伴侶共度人生之旅。

至於結婚對象，最好選擇不拘泥小節、豪放磊落的運動家型男人，不要選做事一板一眼的人。

不獨立、只會撒嬌的男性，乍看之下非常可愛，但看久了就會越看越討厭。

各自擁有彼此的世界，而攜手相伴共度人生，以這種感覺來度過婚姻生活是最理想的。不要因爲生了孩子就辭去工作，應該和男性一起爲家計打拚。

男 B血型 天秤座

9月24日～10月23日

與O型的天蠍座或雙魚座的女性相合性佳

Libra

男 天秤座 性格

生性樂觀，總是從光明面思考事情。爲人親切、寬大，是能帶給周圍人快樂的開朗青年。與其獨自靜靜待在一處，你寧願選擇活潑的行動。具有指導性，有適度的表現慾，腦筋轉得快，行動機敏。

你有點喜歡玩，也很容易厭煩，但這只屬於年輕時。對於零散的事物，不用投入太多的心力，只要能使藝術的才能延伸下去，你的人生就會更充實。

男 天秤座 人際關係

幽默風趣，受人歡迎。交友廣闊，不管有什麼宴會、婚禮，都會有人請你當司儀，而你也都確實扮演好自己的角色。

喜歡和一大群朋友們嘻嘻哈哈，所以常吆喝朋友一同出遊。在團體中，就像是領導者一般。你非常討厭孤獨，而喜歡熱鬧的感覺。

話太多會引起他人的反感，但隨年齡增加，你也知道如何拿捏分寸了。

男 天秤座 工作

很會接待客人、具有使他人愉快的能力，因此，你適合當營業員之類的工作。不適合在團體中工作，適合獨自行動，在自由的行動當中能充分發揮你的能力。

因此，如果你在公司服務，也應該選擇能掌握自己工作的公司。

一般而言，不適合當公務員或比較呆板的工作。與其坐著一成不變的事，不如找一些冒險性的工作，來面對挑戰。

你會積極掌握各領域的新資訊，所以應該將目標放在網路、資訊，和未來世界有關的工作上，成功的可能性才大。

男 天秤座 金錢

具有囤積高獲利商品的眼光。但另一方面你也很會花錢，與其開源不如節流，對你比較有幫助。

尤其要特別注意缺乏節制與染上壞習慣的情形。具體而言，就是要避免染上酒、色，這些都會使你的金錢揮霍殆盡，千萬要適可而止！

男 天秤座 戀愛

你是華麗的花花公子型，但有時卻又

呆呆的，因此會讓人毫無戒心。說話非常開朗，而且行動明確，所以願意和你交往的女性很多。

不要只和固定的女性約會，應該從團體活動中找出一個理想對象，才能發展出眞正的愛情。但站在男性的立場，戀愛時往往不會投注全副心力，把戀愛當作遊戲的傾向非常強。

與其維持黏膩的關係，不如保持適當距離較恰當。但你也有惡劣的一面，和對方交往到一半會突然冷卻下來，或是即使對方打電話找你，你也會故意不接。

輕鬆的享受性愛，但令人意外的，輕輕淡淡的性愛是無法滿足你的。如果對方向你撒嬌，則會讓你精神百倍。

男
天秤座

婚姻

有些人非常顧家，基本上只要重視妻兒，追求平凡的幸福，就會提升運氣。

如果好高騖遠，有著不切實際的野心，將會使你受挫的。能在工作和家庭間求得平衡，才是最重要的。

以男女平等的理念經營家庭生活。發揮你的領導能力，成爲家庭的舵手，才能使家庭圓滿。最好不要表現出大男人的模樣，應該發揮你的領導能力，在背後支持妻子，對你而言才是最好的。

婚前是個很愛玩的人，但婚後最好將精力投注於陶藝、繪畫等藝術方面，別再成天往外跑了！

女 B血型 天蠍座

10月24日～11月22日

女 天蠍座 性格

情緒化、情感起伏激烈。缺乏理性思考，一切跟著直覺走。

表面上看起來很穩當，但本質是激情的，常未經思考就貿然行動。

內心堅強，不會因一件小事情就屈服，具備度過難關的智慧。

此外，有洞悉他人內心世界的優越能力，但卻隱藏自己不讓對方看穿。

與AB型的天秤座或雙子座的男性相合性佳

Scorpius

女 天蠍座 人際關係

太過頑固，欠缺協調性，但不扭曲自己的信念也是很重要的。不要爲了討好他人而改變自己的信念。

人本來就無法和任何人都相處得很好。但在公司或家庭中的人際關係卻又並非如此。

與他人有良好的協調性，從某種層面上來看屬於成熟的人。

一邊維護自己認爲重要的事情，另一方面也應該尊重對他人來說重要的事情，希望能築起這樣的關係。

女 天蠍座　工作

對工作的集中力非常高，雖然做起事來並不是很華麗，但卻會投注熱情。因爲本性堅強，所以遇到困難的工作都能不畏艱難，堅持到底。

但因爲思想固執，欠缺和周圍的協調性，所以與其從事講求團隊的工作，不如從事能發揮自我能力的工作。

不太相信他人，因此，在從事以人際關係爲基礎的工作時，會特別重視法律及契約，不會單純的僅以口頭約定。從這裡看來，在外商公司上班對妳比較好。

女 天蠍座　金錢

基本上非常踏實、節儉，但因情感的波濤起伏大，所以在感到壓力時，可能會有大吃大喝的習慣，必須要特別注意。

衝動購買後常會有後悔的情形，應該要避免。建議妳先決定眞正想要的東西後，再進行定期購買。

女 天蠍座　戀愛

越是神秘的愛情，越能燃起激烈的火花。如果太瞭解對方，愛情的溫度很快就會冷卻了。

不會主動引誘對方，而等待對方先開口。一旦妳首肯，愛情的火花就會瞬間燃起，其他事情都變得不再重要了。

妳重視愛情、性愛，更重視結婚，嚮往談一場轟轟烈烈的愛情，要小心偷情或三角關係等糾紛出現。另外，妳的獨佔慾很強，因此，對男性而言，妳是一個充滿魅力，卻也是令人害怕的女性。

在性愛方面，妳屬於奔放大膽的類型，渴望非常濃厚的性愛。妳很瞭解如何從性愛中得到快樂。

女 天蠍座 婚姻

婚後的妳不甘於被綁在家中，對現代女性而言，和丈夫一起出外工作是理所當然的，所以妳也會在工作和家庭中間求得兩全。

有適度的忍耐力，會巧妙的化解婚姻生活中的各種難題，所以能經營安定的家庭生活。

只不過妳也有不好的一面，當心情不好時，就會責備對方，甚至將怒氣發洩在孩子身上。試著控制自己的情緒，不要這樣陰晴不定。

不滿的情緒積蓄在心裡，一旦爆發出來就會變得很恐怖。

婚後雙方盡量不要有隱瞞的祕密，而要建立起良好的溝通關係。

其中也有不少人不太習慣婚姻制度。

男 B血型 天蠍座

10月24日～11月22日

與O型的天秤座
或雙子座的女性
相合性佳

男 天蠍座 性格

具有熱情對待他人的一面，也有封閉自我、不信任他人的一面。生命的能量非常豐富，有時會有突如其來的舉動，會令周圍的人跌破眼鏡。

平常是個不愛說話的人，但在必要時卻能清楚表達自己的意見，並能做出正確的決斷。凡事只要開了頭，就能堅持到底，具有這種堅強的意志。

即使面臨困難，也都能忍耐的越過。即使失敗也不會被挫折所打敗，反而會越挫越勇，再接再厲。

男 天蠍座 人際關係

不善於團體行動，和對方配合時會感到壓力，會以自己的方式和對方交往。

覺得在意他人的事情，很浪費時間。

人際關係應該要有親疏之分，和喜歡的人就親密的交往；對於自己不喜歡的人，就保持適當的距離。但若將所有人都視爲普通朋友，可能會錯失眞正知心的朋友。

公司同事基本上是生意伙伴，而有共同興趣的朋友，就可以加深彼此的關係。

男 天蠍座　工作

很討厭在工作中與他人妥協，即使是上司給予的指示，對於自己無法達成的部分，會要求對方說明淸楚，有時甚至會產生反彈。

這種類型的人無法獲得上司的重視，在公司裡可能永遠都坐「冷板凳」。

但在眞正值得尊敬的人身邊做事，你絕對會毫無保留的發揮能力，工作的內容固然重要，但所遇到的人更重要。

你的內心深處也擁有野心，而這份野心一直在他人無法察覺的狀態中蓄積著。有一天你會突然辭職，而勇於向新事物挑戰。即使是小小的國家、小小的城堡也好，你都希望能作其中的主人。

男 天蠍座　金錢

有時會隨便的浪費金錢，但基本上屬於踏實型。與其現在享樂，不如爲將來儲蓄。但在交際費上，就千萬不可以省了。

也有人期待一步登天，而從事賭六合彩等。說實話你並沒有偏財運，適可而止吧！

男 天蠍座 戀愛

對喜歡的對象會完全的奉獻。乍看之下，你好像對任何事都漫不經心的樣子，但只要和心儀的女性在一起時，你就會完全的釋放自己的熱情。

另一方面，愛情和性愛是不一樣的，很多男性都分不清楚，自己受對方的吸引，究竟是因爲性？還是因爲愛？

兩人之間的關係是愛情，就一定會有嫉妒心。只要見到女友和其他男性說話，心頭就會一陣不舒服。如果不是愛情，就會意外的平靜。

在做愛之前，請不要忘記對她溫柔一點。

男 天蠍座 婚姻

年輕時不會被家庭所侷限，常常會晚歸，甚至到天亮才回來，不過會慢慢的安定下來。但安定之後又出現任性的一面，獨斷、霸道，不會爲他人設想。所以別忘了，常對妻子說溫柔體貼的話。

對小孩子非常嚴格，管教方式往往與妻子相左。你認爲孩子是自己的骨肉，要怎麼管教是你的事，因此，常會無法控制情緒而反應過度。

有些人不喜歡受婚姻所束縛，因而選擇不結婚；有些人只憑直覺就決定了終身大事，事後才反悔。結婚是一輩子的事，在尋求共度一生的伴侶時要格外愼重。

女 B血型 射手座

11月23日～12月21日

與AB型的魔羯座或金牛座的男性相合性佳

女 射手座 性格

不喜歡安逸的生活，渴望追求充滿變化與刺激，妳就是這樣一個自由奔放的女性。非常樂觀，不會爲了小事而煩惱，凡事都從正面去思考，這是妳的特徵。不會執著於過去，會將失敗當作跳板。

非常積極、有自信、獨立，而有不聽勸告的一面。

有時這樣的態度會導致周圍的反感，因此，要適度的採煞車。在言詞上對他人和善一點，將會獲得他人的好感。

女 射手座 人際關係

對人忽冷忽熱，完全視心情而定，但由於個性開朗，所以朋友也很多。

對朋友並無選擇，但唯獨不太關心長者。站在對方立場，爲他人著想，在漫長的人生是有此必要的。因爲妳的心情陰晴不定，常會得罪別人，但善於交際的妳，絕不會陷自己於危機的狀態。

基本上，年輕人都會喜歡妳，妳是一個很好的玩伴。

女 射手座 工作

因爲爲所欲爲，所以不太適應團隊生活。與其從事單調、一成不變的工作，妳比較喜歡充滿挑戰與變化的工作。

但妳容易對一件事情感到厭煩，常會做某件工作不久，就感到厭煩而放棄。爲了使妳一路平順，應該儘早找出適合妳的工作領域。

從事自己喜歡的工作最重要，和旅行、運動相關的工作都是不錯的選擇。妳有學習語言的天分，不妨到國外發展。

避免長時間的工作，應該選擇能俐落處理，或不管什麼事發生都能即刻處理的工作，才能使妳的能力發揮出來。不要害怕，大膽前進，前途將是一片光明！

女 射手座 金錢

妳的錢是左手進右手出，會買一些能滿足妳虛榮心的名牌，這種習慣是怎麼改也改不了。雖然極力掩飾妳的虛榮心，但別人一眼就看出來了。

雖然購買名牌服飾，過著浪費的生活並不是壞事，但妳眞的想這麼做嗎？最好不要將金錢用在滿足妳的虛榮上面。

女 射手座 戀愛

一旦戀愛，就有過度熱中的傾向，而且會不斷換男朋友。

對於男性毫無警戒心，和誰都能交往。活潑的妳常會讓人覺得妳身邊總不乏男性伴侶，但離眞正的愛情，事實上還有一段距離呢！

大部分人對於喜不喜歡對方，在做判斷時都是非常武斷。但有時稍微忍耐，慢慢體驗感情也是很重要的。當妳討厭對方時，請不要忘記最初喜歡他的心情。

在性愛方面，妳喜歡主動出擊。熱情的行動更勝於羅曼蒂克的氣氛。妳會以大膽的行爲來挑起男人慾望。

女 射手座 婚姻

即使婚後，妳也不會安於家庭生活。有人並不以丈夫爲滿足，要注意別紅杏出牆。婚姻並不是人生的全部，所以用不著急著結婚。

與其年輕時草草結婚，不如等心智更爲成熟、穩重，彼此都互相瞭解了再來談婚姻大事。

如果眞的想早結婚，在選擇對象時，就不要太在意對方的外型，應該選擇有度量，能容忍妳的任性的男性。

成熟男性總是比年輕的男性更適合妳。有著如火一般行動力的妳，成熟男性就具有如同大地一般的安定性。

男 B血型 射手座

11月23日～12月21日

與O型的魔羯座或金牛座的女性相合性佳

男 射手座 性格

屬於樂天派、適應力高的男性。好奇心非常旺盛，對各式各樣的事情都寄予關心，喜歡經常變化的狀態。

非常具有行動力，常常不考慮周遭的情況，就出現大膽的行動，因而導致周圍的反彈，但這也是暫時性的。

你很獨立，因此有很多機會，經常受幸運女神的眷顧。

擁有野心，不斷向前衝，即使失敗，也會以此爲跳板，向成功躍進。

男 射手座 人際關係

不會拘泥於傳統的人際關係，會大膽的往前邁進。與非常重視秩序、與長幼尊卑的人不太合得來。

喜歡自由，率直的發言，因此，常會

和上司或前輩的意見相衝突。畢竟我們是講究倫常的國家，不要給對方難堪，應該要爲彼此都預留點後路。運用技巧，想辦法讓對方和你站在同一陣線才是上策。

基本上，你的交際手腕很好，和誰都能交往。與其單獨相處，你寧願選擇大夥在一起的熱鬧感覺。

男 射手座 工作

與其坐在辦公室裡上班，不如走出戶外工作。如果在公司上班，營業、企畫方面的工作，會比總務、行政等方面來的適合。同樣的，從事獨來獨往的工作，會比團隊工作更適合你。這麼說起來，諸如駕駛或教師等能發揮能力的職業都不錯，但你絕對無法忍受單調的工作。足跡踏遍全世界，成爲活躍的攝影家也不錯。

想像力豐富、觀念靈活，在年輕時就找出適合自己個性的工作非常重要。

身爲男人，你不可以就這麼被人使喚的度過一生，應該時常存有挑戰的心。

男 射手座 金錢

重視眼前的快樂更勝於明天，所以不會勉強自己儲蓄。

你很重視人際關係，加上喜歡和一大群人在一起狂歡，或和朋友喝一杯，因此消費高是難免的。你對錢看得不重，所以大家都會尊稱你一聲大哥，但這也是花錢得來的。

男 射手座 戀愛

很會討好女性，並不代表你很瞭解女性，而是你常常會思索著怎麼作才會讓女性喜歡上自己。說話風趣，會讓女性覺得和你在一起十分愉快。

和女性交往時，你會表現得非常積極與開放，但你並不是能滿足於一兩位女人的人。

交往的對象區分得很清楚，到底是談得來，或是有共同興趣、能一起去兜風或是能一起做愛的女朋友。與其說是在談戀愛，不如說是遊戲的成分居多。

你把性愛看得很輕鬆，有時才和人親熱完，說著說著熱情就又冷淡下來了。

男 射手座 婚姻

酷愛自由，所以很討厭受家庭束縛。即使結婚之後也不會乖乖待在家，會成天往外跑，可以算是不顧家的類型。

雖然沒有安定性，但你喜歡變化，從某種層面上來看，你們倒是能度過充滿變化的婚姻生活。與其買房子，你寧願四處租屋，享受不同感覺的家居生活。

另一半最好是和你相同類型，能夠允許你這種任意行動的寬大女性，否則就要擔心會離婚了。婚後並不表示兩人非得共同生活一輩子，如果在彼此瞭解的情形下，覺得還是分手較好，不如就此分手才能帶給雙方幸福！

女 B血型 魔羯座

12月22日～1月20日

與AB型的水瓶座或雙子座的男性相合性佳

Capricornus

女 魔羯座 性格

在內心深處有很明確的方向和目標。外表看起來很文靜，但也不失開朗。能夠一直待在一個地方，而且能夠盯著事物的本質。

一旦投入一件事，就有活潑的行動能量，不善於自我表現，但仍具有表現慾。在最重要時，能適時說出自己的意見。

注重實際更勝於夢想，非常重視現實，並具有改變現實的力量。

女 魔羯座 人際關係

認識的人很多，具有社交性。只要身邊沒有人，就會感到寂寞。雖然外表看起來很獨立，但心中仍渴望有他人陪伴。

很重視人際關係，並不是表面上的交往而已，而是信賴的關係非常強，能互相瞭解的人際關係。討厭好不容易建立起的友誼遭到破壞，這時妳會很有耐心的去修護彼此之間的友情。

因爲在待人處事上多半站在被動的立場，因此，有時給人的感覺稍微冷淡了點，應該多投入一些情感及關懷。

女 魔羯座 工作

對工作抱持目標，所從事的工作並非做做就算了，應該選擇一輩子的事業。如果是在自己有興趣的領域內，則會更讓自己精神百倍。

獨立、上進、非常用功，能獲得周圍人的好評。當遇到困難時，一定會有貴人伸出援手。

長期投入工作，就能掌握成功，雖然不是一步登天，但卻是由腳踏實地的努力所換取的成就。在女性當中也有對政治、社會等寄予關心的人。

很適合當培育國家棟樑的敎師。

女 魔羯座 金錢

基本上屬於踏實型，會選擇安全第一的儲蓄。但有時也會一股腦兒的散財，散完才後悔。

後悔對心理健康並不好，在使用時不要太過隨便。只要事前多想一想，就可避免事後的後悔。否則等揮霍完再回頭看，原來自己的財運就這麼逃掉了，後悔也莫及囉！記住「有錢能使鬼推磨」。

女 魔羯座 戀愛

外表豔麗，即使不主動誘惑，也會擄獲男性的心。有時會因爲曖昧模糊的態度，而使討厭的男性也圍繞在身邊，非常傷腦筋。

可說是不擅長戀愛的類型，戀愛時若不是以結婚爲前提，就提不起勁來。

錯過幾次不錯的戀情，好像需要累積一些經驗。必要時應該有大膽的行動。事實上，在自己注意不到的地方，其實就潛藏著無限機會。

妳的第一次可能來得較晚，到了某種程度之後，性經驗才會豐富。不喜歡沒有感情基礎的性愛。

女 魔羯座 婚姻

妳對婚姻的態度非常認眞，絕不會因爲喜歡就結婚，討厭就離婚，只要愛上一個人，就應該認眞的愛他一輩子。

妳會考慮對方的經濟能力及未來的發展性，看起來好像很現實，但婚姻本來就和經濟能力有密不可分的關係，所以會有這種想法也很正常。

此外，夫妻生活在一起，和談戀愛時是大大的不同，必須要能互相容忍與配合。妳會想像著十年、二十年後的模樣，並有了充分的準備後才會考慮結婚。

愼選對象可能較晚婚，但若能因而換來幸福的婚姻生活，晚一點也是値得的。

男 B血型 魔羯座

12月22日～1月20日

與O型的水瓶座或雙子座的女性相合性佳

Capricornus

男 魔羯座 性格

充滿精力，對將來的目標明確，會以自己的方式達成目標。好奇心非常旺盛。

懂得適度表現自己，非常重視現實，你認爲人生就是要有一個明確的目的，才能往成功的道路一步步邁進。

討厭膚淺的思考及行動，雖然表面上糊塗，其實你的本性非常謹慎。踏實、充滿魅力，能發揮領導能力，千萬不要態度傲慢。

男 魔羯座 人際關係

能夠敞開心胸，因此能和許多人交往。本來就很有人情味的你，能靜靜傾聽他人說話，所以深獲同輩的信賴。

不過你有不容他人扭曲自己意見的固執一面，平常可以輕鬆相處，但遇到重要問題，你就變得難以妥協。

內心堅強且耐力十足，也許一開始和對方相處得不是很好，但久而久之，你們會變成最好的朋友也說不定。

男 魔羯座

工作

工作以外的事物，對你而言都不重要。你認為努力工作的男人才是最有魅力的，倒也未必。年輕時從事困難工作，年紀大了，運氣也就衰退了。因此最好能在年輕時發展工作之外其他的興趣。

具有專注於一件事情的傾向，只要自己喜歡就會不顧一切的投入，能不斷克服困難，超越障礙，而得到最後的成功。

此外，你也會依照計劃行事，一步步踏實的走，能階段性的完成工作。非常務實及有耐性，能適應各項工作，唯一美中不足的就是稍欠才氣。

男 魔羯座

金錢

很會計劃金錢，節儉時非常節儉，但真正想要的東西，也會不顧一切的得到手，但絕不會有衝動購買的情況出現。

當然有需要時，你也會依照自己的經濟能力向銀行借貸，絕不會被貸款逼得喘不過氣來。會為將來作準備而儲蓄。

男 魔羯座

戀愛

雖然沈著，但也會積極擄獲女性的心。很意外的，在自己沒有注意到的地方暗藏著能量，因此，會出現連自己都想像不到的行動。而這股力量就是能使你追求到心儀女性的原動力。

在女性面前，你的行爲有些奇怪，但其實你是很認眞的。你絕不會同時追求好幾位女性，也不會有花花公子的態度，你是一個非常正直又實在的男性。

但與年輕時代的愛情比起來，年長之後的戀情更需要小心，不要把逢場作戲當眞了。

你具持久力，而且熱衷於研究，因此你在性愛方面絕不會讓女性感到無聊的。

但你不是個會說甜言蜜語的人，所以有時會無法滿足女性。別忘了言語是調情的秘密武器喔！

男 魔羯座 婚姻

想握有家中實權，換句話說，你認爲自己比妻子還偉大。

但若以鄙視的態度看待妻子，一定會使你們的感情出現裂痕，而成爲你們爭吵的原因。選擇結婚對象時，最好選擇能從背後支持你的人。聰明的女性能在背後支持丈夫，好好照顧小孩，並能巧妙的掌控整個家庭氣氛，使家庭生活幸福快樂。

基本上你的婚姻生活很安定，絕不會使妻兒受到委屈，具有男性的責任感。

物質方面的滿足應該與精神方面的滿足充分調和，不要忘了良好的溝通是非常重要的。

女 B血型 水瓶座

1月21日～2月18日

與AB型的巨蟹座或雙魚座的男性相合性佳

女 水瓶座 性格

具有浪漫的氣質，是位富於變化的女性，比起歐美等先進國家，妳比較嚮往馬來西亞、印度等充滿神秘氣息的國家。

善變、討厭平凡，如果每天都過著相同的生活會使妳感到無聊。希望生活中出現激烈的變化，這時也許就會出現大膽的行動，讓周圍的人都嚇一跳。

心思細密，不在意世人的眼光，不適合團體生活，不會藉由他人的幫助，而會靠自己的力量生活。

女 水瓶座 人際關係

因爲獨自生活，所以會藉著講電話消磨時間，有時甚至帳單高達好幾萬塊。非常坦率，和大家都處得很好，但如果交往的關係密切，反而會使妳感到苦惱，所以有時會主動疏遠對方。

也有欠缺協調性的一面，會對公司的上司敬而遠之。尤其討厭被別人命令，因此，常在公司裡引來麻煩。妳不屬於能忍耐的人，也許只能和自己喜歡的人來往。

女 水瓶座 工作

對有興趣的工作非常熱衷，但如果興趣缺缺，做起事來就會變得馬虎。不適合在公司上班，尤其需要穿制服的工作更令妳受不了，這樣只會扼殺妳的能力罷了！

只有在自由開放的環境中，才能發揮妳豐富的想像力與企畫力。也有人活躍於知性及教養的國際社會當中。此外，當美容師或設計師也不錯。塑身及芳香療法等新穎的健康領域也有適合妳的職業。

妳具有纖細及神經質的一面，要嚴防精神疾病，千萬不要讓壓力蓄積在妳的心裡，適度的放鬆及發洩是最重要的。同時也要特別注意，不要飲酒過度。

女 水瓶座 金錢

對流行十分敏感，認爲香水可以代表一個人。此外，妳的衣服、鞋子也很多，容易有衝動購買的情形，所以一般是屬於浪費一族。

妳的個性是「明天的事明天再說」，所以再怎麼使用金錢妳也不會心疼。也許金錢眞的沒什麼好煩惱的吧！

女 水瓶座 戀愛

喜歡新鮮的事物，對男性也是一樣，喜歡具現代感的男性。

和任何人都處得來，所以會被認為是愛玩的女孩。有時會被交往的對象瞧不起，認為妳是「輕浮的女孩」，也會被說成是戀愛經驗豐富的人。

實際上，真的有很多人同時和多位男性交往，而且也有很多情況是自己主動追求對方的。當然其中也會有白費工夫的時候，因此要特別注意。

有時也會積極引誘男性共度良宵，而這多半是感到非常寂寞，又無法克制之下所做出來的。雖然事後免不了後悔，但事實上等待妳誘惑的男性還真不少。

女 水瓶座 婚姻

有些人對工作、愛情非常乾脆。但也有些人一談到結婚就顯得優柔寡斷。就在不知道該選誰才好，或是和有婦之夫糾纏不清，不知不覺中，年華漸漸老去。

如果妳總是表現出曖昧模糊的態度，是不會品嘗到真正的幸福的。

等待妳的人就在身邊，決定了對象，就不要再迷惘了。如果再這樣三心二意，姻緣將會離妳而去。

婚後不喜歡待在家，妳還是會外出工作。大部分的人都不善於整理家務，所以最好選擇認真、顧家的男性來幫助妳。

男 B血型 水瓶座

1月21日～2月18日

與O型的巨蟹座或雙魚座的女性相合性佳

Aquarius

男 水瓶座 性格

是開朗、知性、具前瞻性的青年。自由奔放、不在意周圍人的想法。不會侷限於常識的框框裡，所以常被認爲是一意孤行的傢伙。但這些都能以與生俱來的活動力加以克服。

機智、富於想像力，是個多才多藝的人。擁有旺盛的批判精神，只要違背了社會正義，你就無法坐視不管。

想法前衛，敢於向傳統或權威挑戰，並擁有勇氣加以改革。

男 水瓶座 人際關係

非常樂觀與開朗，是受人喜愛的類型。對人沒有偏見，和任何人都能交往。

不論貧病富貴、愚昧或聰穎，你都能夠適應對方與之建立良好的關係。而這也正是你具有彈性的一面。

很討厭受到上下關係或權威的壓迫，若有人以強悍的態度命令你，就會引起強大的反彈。即使和任何人都能和善相處，但遇到此情形，是不會妥協的。你自有一套價值判斷標準，而且會切實遵守它。

男 水瓶座 工作

不適合當公司員工或公務人員，這種朝九晚五的規律職業，會使你感到不滿足，因爲你會覺得缺乏幹勁。

一旦被定型，你的能力就會減半了，所以盡量從事富於變化的工作是最好的。只要找到喜歡的工作，你就會非常投入。就算早出晚歸，也沒有一絲怨言，而將精力完全投注於工作中。個性非常獨立，是屬於企業家型。

發揮你的想像力與獨創性，從事發明或設計等都是不錯的。能往來於世界各地的國際記者、跨國公司的職員也很適合你。在年輕時可以盡量到海外發展，多吸收一些國際資訊，累積你的實力與本錢。

男 水瓶座 金錢

花錢就像流水一樣，但你卻一點也不在意，而父母常會指正你這種金錢觀。

但只要你身體還健康，工作不成問題，你就有「今天賺的錢，今天就花完」的心態。因爲你的生性樂天，所以沒錢就等到沒錢再說嘛！因而會適當的享受。

男 水瓶座 戀愛

雖然你有很多女性朋友，但你總無法區別戀人和普通朋友，分不清「喜歡」和「愛」的差異。

許多人的脾氣很拗，明明就是喜歡對方，卻又愛讓對方難堪，致使對方困擾。有時也會因爲當天心情不佳而影響感情，明明前一秒還有說有笑，怎麼轉頭就發起脾氣，往往使女友無法忍受。

你是不願受婚姻拘束的類型，不相信婚姻是戀愛的延續。對你而言，愛情只是個娛樂罷了！

你不受傳統觀念的束縛。有時和女性才認識一天就上旅館了，但和有些人都交往一年以上了，卻仍未發生肉體關係。

男 水瓶座 婚姻

不太重視婚姻，你認爲兩人只要生活在一起就好了，結婚只是一種形式而已。

你討厭平凡的家庭生活。不管從哪一方面看來，你都是不適合結婚的類型。也有不少高唱單身主義的人。

你希望和女性有著對等的關係，即使婚後也和談戀愛時沒什麼改變。

你並不受家庭束縛，仍會如單身時的夜歸，有時甚至到天亮了才回來。

你不認爲煮飯、洗衣服有什麼辛苦，有些人甚至做得比女性還好。你希望夫妻就像朋友一樣。

女 B血型 雙魚座

2月19日～3月20日

與AB型的天秤座或水瓶座的男性相合性佳

女 雙魚座 性格

能夠巧妙的表現自己的喜、怒、哀、樂，是個迷人的女性。很少有煩惱，懂得以自己的方式過日子。有時妳的感情會突然爆發出來，惹得周圍人哈哈大笑，藉此娛樂枯燥的生活。

很體貼他人，對妳而言，只有人際間的共鳴才是最重要的。即使為了幫助他人而犧牲自己，妳也會感到很高興。

有旺盛的好奇心，會向多方面的領域探索。但要注意事事都嘗試，最後可能落得事事都不精喔！

女 雙魚座 人際關係

人緣很好，懂得以柔性的姿態與人應對，因此和任何人都相處得很好。說起話來幽默又豐富，所以身邊總不缺朋友。

Pisces

在年輕時就交友廣泛，因此，朋友很多，彼此間也都會互相幫助。其中也不乏過份依賴妳的人，所以與人交往時要注意分際。

妳非常容易相信人，要謹防受騙上當。因爲往來的朋友很多，其中可能會有居心叵測的人，千萬要記住「近朱者赤、近墨者黑」這句話！

女雙魚座　工作

具有順應性，非常機靈，即使在公司上班，做起事來也不會半途而廢。對自己有興趣的工作，妳會非常熱心的投入。此外也愛作夢，比起實際的工作，具有夢想與遠景的工作更能使妳發揮能力。

雖然很想在工作中投入全副精力，但奇怪的是怎麼也提不起勁來。當心情不佳時，就無法專心工作。因此，富於變化的工作會比單調的工作更適合妳。

建議妳往演藝圈、或大衆傳播有關的領域走。舞蹈家、歌手、雜誌編輯也都很適合。

妳容易被宗教或其他神秘的力量所吸引，因此也有人走入宗教一途。

女雙魚座　金錢

購物時常會憑直覺行事，並不是新潮的東西就能吸引妳。但妳也關心流行時尙，並會迫不及待的嘗試。

與其爲明天作打算，不如追求今天的

快樂。即使沒有很多錢，妳也能累積很多用錢買不到的經驗。因爲妳的興趣廣泛，所以妳的視野與歷練都非常遼闊。

女 雙魚座 戀愛

當妳遇到事業失敗或無賴型的男人，同情心就會油然而生，甚至還會投注妳的感情，以至於離也離不開。而妳會被依賴型的男性所吸引，大概就是同情心在作祟。

比起會明白說NO的男性，妳和沈默寡言的男性交往的機率較高。太過幸福的愛情，無法讓妳感受到其中的魅力。

妳也許會扮演第三者，或總是不能明目張膽地戀愛的人，而陶醉在自我犧牲的感覺中。

一兩次的戀愛無法滿足妳，所以戀愛經驗相當豐富，擁有很多和男性交往的經驗。但不要每次都抱著玩玩的態度，偶爾也認眞一下吧！

有時候，妳也會有強烈的性衝動，而出現激烈的性行爲。一般而言，這類的女性多半很懂得如何取悅男人。

女 雙魚座 婚姻

有因爲一時的浪漫氣氛而結婚的傾向，也許當下妳是眞心愛對方，但以後能否維持下去就很難說了。

婚姻並不能草率決定，如果妳是一個渴望安定生活的人，也許有必要想想未來的路，不要被一時的衝動而蒙蔽了妳的理智。

不要存有婚姻如兒戲的心態，如果只因當時的氣氛，就糊裏糊塗的決定終身，那妳可能得歷經多次失敗的婚姻。不結婚，只當男女朋友，也是不錯的啊！

當然能避免是最好的，請妳以適合結婚的對象爲目標，穩定的交往，並要有長久交往的心理準備。

男 B血型 雙魚座

2月19日～3月20日

與O型的天秤座或水瓶座的女性相合性佳

Pisces

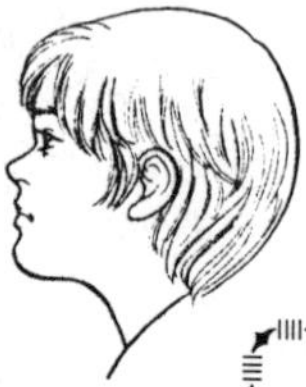

男雙魚座 性格

感情波濤起伏劇烈，多半是情緒化的人。也許不會屈服於大道理，但卻禁不起人情壓力。

基本上很有人情味，經常會感動的落淚。有時會只依自己的步調行事，往往會被認爲是特立獨行的人。此外，也多少有容易煩膩的一面。

凡事不經大腦思考就貿然行動，會憑著感覺來判斷事物，但感受性非常豐富。

對人具有同情心，親切、溫柔，富有服務熱忱。

男雙魚座 人際關係

會照顧與體貼別人，話題豐富，交友也非常廣闊，能夠和任何類型的人打成一片，就像個大男孩一樣。

不會乖乖聽從長者的教訓，而會有情緒化的應對，造成雙方的不愉快。如果是朋友關係倒無所謂，但若彼此有著利害關係，恐怕會對你不利。只要和比你年長的人，不論身份都應該要給予尊敬。

男 雙魚座 工作

具有獨創性與優秀的企畫能力，有豐富的想像力及思考能力，從事創意方面的工作比較容易成功。你很適合汽車或家電用品的工業設計，或休閒、藝術方面的工作。

也有人從事高報酬的夢想型事業，只不過成功的比例不高。

工作上的順利與否對你有很大的影響。走運時就會不斷往前衝，因此工作進展得很順利。但只要陷入僵局，依你那乾脆的個性，你八成也會很乾脆的放棄它，因此常有人不斷換工作。

你最好再多多培養自己的耐力及持久力！

男 雙魚座 金錢

財運不錯，但不善理財，所以無法將錢留在口袋裡，常常是左手進、右手出。

你很在意流行趨勢，很會打扮。在男性裡頭，你算是很捨得花錢在服裝上頭的人。而把錢用在打扮外表上頭，也可以爲你帶來好運，如果你過分吝嗇將會使財運逃掉。

男 雙魚座

戀愛

對女性的喜好並沒有一貫性，只要對方喜歡你，很可能你就會立刻投入她的懷抱。很喜歡被奉承與巴結，與其說是迷戀對方，不如說是喜歡被人迷戀。而你會和女性交往，多半也是受到對方的引誘。

與其和一群光棍出去晃，你寧願和許多女孩子出去玩。約會的場所，你也會選擇最新、最受歡迎的熱門景點。爲了充分發揮你的魅力，你總是想盡辦法使約會時充滿快樂的氣氛。由於你的服務熱忱，因此很少會有女性感到無聊。

你也是個很會享受性愛的人，只要對方稍微暗示一下，就瞭解對方想要什麼。

男 雙魚座

婚姻

不適合安定的家庭生活，一般而言並不適合結婚。就算結了婚，也許還會受其他女性所吸引，而破壞你的家庭生活。

你也有追求夢想的一面，這對於符合你夢想的女性而言非常累。女性都是希望安定的，如果你的另一半會使你圓不了偉大的夢想，你會寧願拋妻棄子，追求你的夢想。

這樣看來，能夠包容你的任性，能支持你追求夢想的寬容女性，比較適合你！

一直維持模糊、曖昧不明的態度，會令人喘不過氣來。有時選擇脫離家庭的生活方式，對你而言或許是最好的。

第四章

O血型的十二星座

女
O血型 白羊座
3月21日～4月20日

與B型的金牛座或處女座的男性相合性佳

Aries

女 白羊座 性格

妳屬於積極、寬大的人，不會掩飾自己，而會率直的表現。即使遇到困難也不會逃避，能堅強的面對。

妳那不服輸的個性，常會表現出狂妄的態度，這時也許就會和他人起爭執，而產生敵對的意識。因此，多少要壓抑一下自己的主張，多站在他人立場爲對方想想，要培養這種寬容的度量。

是自尊心強、且獨立的現代女性，很早就脫離雙親而獨自生活。

女 白羊座 人際關係

很重視朋友，大部分都是別人找妳商量事情。而妳總是以好朋友的立場，給予最適當的建議。

此外，妳的個性十分開朗，異性的朋

友也很多。雖然很多人不相信世上有純友誼，但妳對同性或異性一視同仁，眞的是以平常心看待要好的異性朋友。

個性激烈的妳，天生具備正義感。但如果正義感太過強烈，有時可能會造成人際糾紛，必須要適度的拿捏。一般而言，妳有受長者喜愛的傾向。

女 白羊座 工作

擁有目標，充滿活力的接受挑戰。因爲個性外向，與其坐在辦公桌工作，倒不如從事類似空服員之類的外向型工作。此外，從事諮商員等助人工作也不錯。

就算是上班族，妳也比較不適合從事總務的部門，適合營業方面的工作。

非常積極、有上進心，能夠在新領域中展現妳的魅力，有不少人乾脆自己出來做生意。這時一定要非常愼重，凡事都要想想是否會造成對方的痲煩，並考慮到周圍的一切事物，再去發展妳的事業。

累積某種程度的經驗，及隨著年齡的增加，會有越來越多的人圍繞在妳的身邊，使妳越來越有自信。請勇於向自己的夢想挑戰！

女 白羊座 金錢

看起來是個很會理財的人，但實際上卻留不住什麼錢。因爲妳的性格積極，所以朋友很多，常在不知不覺中花費就暴增了。即使刻意的節省開銷，減少和朋友出遊，卻又會將這筆錢花在別的地方。

與其拚命節流，勸妳還是想想怎麼開源比較有效。

女 白羊座 戀愛

妳非常熱情，只要喜歡上一個人，就會積極的表現自己。話雖如此，但妳也不是一個會主動追求對方的人，妳只會刻意的吸引對方的注意。

妳會想獨佔自己喜歡的人，不允許他和其他女性交往，就算是出現情敵，也會想盡辦法將喜歡的人搶到手。妳就是具有這種鬥爭性。

性愛方面，妳也會主動要求，但並不表示妳特別喜歡性愛。但在對方眼中，只會將妳歸類成性伴侶，因此妳也應該適可而止，對自己會比較有利。

女 白羊座 婚姻

因爲在工作中投注太多精力了，所以妳的婚期可能會比較晚。

妳有養活自己的能力，因此就算結了婚，也不會放棄事業而走入家庭。

妳絕不會因爲到了適婚年齡，或因周圍朋友都結婚等原因，爲了結婚而結婚。

在遇到自己眞正喜歡的人，對方也眞心愛妳，才會考慮結婚。最好是找思想及興趣接近的伴侶。婚後妳會在家庭及工作中求取兩全，不會偏頗於任何一方，因此，最好選擇和妳相同類型的男性。

男

O血型 白羊座

3月21日～4月20日

與A型的金牛座或處女座的女性相合性佳

男 白羊座 性格

能確立自己的人生目的，往目標邁進。你的多變，不時吸引周圍人的注意，而成爲領導者。

重感情，很會照顧別人，但也很有野心，因而樹立不少敵人。

小時候和誰都能交朋友，長大之後，會把朋友和敵人劃分得很清楚。和敵人作戰，當然是毫不需要講求情面，只求勝利而已。發揮你的領導力，作個男子漢吧！

男 白羊座 人際關係

具有領導性，很多人都跟隨著你，使你的架勢十足。你常在在婚喪喜慶的場合擔任主持人或司儀，深獲他人的信賴。

與其說和朋友維持對等的關係，不如說，不論長幼你一概以對待部下的姿態與其相處，因此和同類型的人發生衝突。

此外，如果你太過獨斷與傲慢，會使周圍的人漸離你遠去，而成爲孤獨的一匹狼。即使是一匹狼，也有其魅力所在，所以就算只有你一個人，也應該充滿自信的勇往直前！

男 白羊座 工作

能透視全體、找出方向，但不太在意細微末節，屬於大而化之的個性。因此不適合從事需要注意細節的工作。

另一方面，你比一般人有遠見，能比別人早一步透視前方。充滿挑戰的精神，可能成爲企業的創始者。在未知的領域內，你極有可能挑戰成功。

就算是在公司上班，你也有開發新市場的力量。如果從事業務方面的工作，你會積極開拓公司的領域。

但商場上必須要依賴上司或同事間的協助，這時就不應太過表現自己了，應以謙虛的態度求教。

男 白羊座 金錢

不是那種會滿足於固定薪水的人，而是想要一步登天的類型。的確，你的財運很不錯，但若爬得越高，跌得也越深，務必要愼重。千萬不要賭博！

男 白羊座 戀愛

一旦遇到心儀的對象，你就會進攻、

進攻、再進攻，在戀愛方面，你屬於積極的行動派，所以會運用一切的手段，積極擄獲對方的心。

此外，談戀愛時，如果無法取得主導權，就會覺得渾身不對勁。通常也都是由你決定約會的內容和地點。

喜歡戰鬥，如果碰到情敵，你會很勇敢的向對方挑戰。對女性而言，你也許是個很麻煩的對手，但並不惹人討厭。

具爲所欲爲的一面，在享受性愛時，往往只考慮到自己的渴望，不會考慮對方的感受。充滿精力的你，在重視親熱的過程時，別忘了考慮一下對方的感覺。

男 白羊座　婚姻

大多是單身主義者。你認爲打掃、洗衣、煮飯、帶孩子都是女人的工作，男人只要好好賺錢就好了。

和現代男性比較起來，你屬於傳統的男性。

因此，你所尋找的對象是「默默做事」的女性。

如果另一半太過嘮叨，那麼你們的紛爭一定是不斷的。雖然也希望家庭美滿，但你天生就是自命風流的類型，所以很有可能會發生外遇。

常會因爲工作或朋友而不顧家庭。你是一個很照顧朋友的人，也許你家的大門都是爲朋友而敞開的。要特別注意，妻子可能會因爲受不了而離開你。

女 O血型 金牛座

4月21日～5月21日

女 金牛座 性格

穩重大方、從容不迫，是屬於不拘小節的人。不會受周遭環境的影響，而會依自己的方式行事。

妳注重現實面，認爲平安無事比什麼都重要。並不喜歡突如其來的言行，或很誇張的舉動。

外表看起來比實際年齡成熟，充滿洗練的感性，穩健踏實的感覺正是妳最大的魅力。妳很受人依賴，即使遇到再緊急、困難的事情，也不會慌張，總是將笑容掛在臉上，幸運一定會隨時造訪妳的。

與B型的白羊座
或射手座的男性
相合性佳

Taurus

女 金牛座 人際關係

非常重視朋友，因爲個性溫和，所以朋友只要有事都會找妳幫忙。

妳絕不會表現出不高興的神情，會非

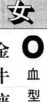

常親切的協助對方，是一個相當值得信賴的人。尤其對於年紀比較小的人來說，妳就像是「大姊姊」一般的令他們仰慕。

基本上，妳的個性較消極，很少主動拉關係。對身旁的人不會存有戒心，因此身旁的人會很容易和妳親近。對妳而言，說眞心話比什麼都重要。

女 金牛座 工作

最好選擇鐵飯碗，因爲妳並不喜歡換工作，所以應該以有興趣的領域爲目標。

例如，種植花果等與自然相關的園藝工作，就滿適合妳的。

有的人乾脆就嫁進農家或牧場的主人，和自己心愛的男性一起從事自己喜歡的工作。建議妳開家餐飲店或花店也不錯。除此之外，妳也很適合髮型、服裝設計師等與設計有關的工作。

發揮妳美的天份，努力取得資格，當一個花道或茶道的老師也很好。

女 金牛座 金錢

看起來手頭很鬆，但實際上是個非常節儉的人，妳並不會以存錢爲苦。

有人認爲自己很浪費，但實際上，並不如想像般的會花錢。到二十五歲之後，妳就會漸漸瞭解自己這種性格了。

女 金牛座 戀愛

生平最討厭勉強，如果對方硬是要追

求，會把妳給嚇跑的。

妳不希望有任何一方特別強勢，而以雙方對等的關係最爲理想。

兩個人一點一滴的培育愛苗，讓愛情的濃度慢慢累積。一旦有了喜歡的對象，就會全心全意的投入，再也容不下他人，當然也不會再接受別人的感情。

因爲妳是個大醋罈子，所以一定要選一個不花心的乖寶寶。

妳認爲性是愛的表現，唯有當心與身體結合在一起，才能嚐到眞正的滿足。

討厭單方面的性愛，而喜歡兩個人一起愉快的享受性愛。

女 金牛座 婚姻

嚮往平凡的婚姻生活，不管是外出工作，或當個專職的家庭主婦，妳都能充分配合丈夫，適應各種形態。

妳認爲最重要的莫過於家人的幸福，因此依照當時的生活需求，妳可以做一個專職的家庭主婦，也可以做一個稱職的職業婦女。

具有生活力，即使丈夫臥病在床，無法負擔家計，妳也能夠克服一切難關，獨立撐起一個家。

妳不以苦爲苦，能調適自己的心情，所以能築起一個非常安定而快樂的家庭。

不過，太堅強的女性是會讓男性敬而遠之的，因而使婚期延遲了。偶爾也表現妳柔弱的一面吧！

男 O血型 金牛座

4月21日～5月21日

與A型的白羊座或射手座的女性相合性佳

Taurus

男 金牛座 性格

擁有像大地一般的安定感，但冥頑不靈是其特徵。處之泰然的態度可帶給對方安全感，獲得周圍的信賴。

冷靜、沈著，是屬於過橋前得確定橋不會塌的謹慎派。其中也有太過謹慎，而變成優柔寡斷的人，因此，謹慎的同時，也應培養自己的決斷力。

講究傳統，重視義理、人情，不會說一些巴結奉承的話。感情脆弱，卻又具有男子氣概，很討厭欺負弱者的行爲。

男 金牛座 人際關係

很重視人與人之間的信賴關係，絕對不會背叛或欺騙他人。

有人拜託你幫忙，你無法說「不」。即使無法達成所託，事後才後悔自己的衝動，但仍舊會努力的尋求解決之道。因爲你的頑固，在團體工作中往往會擾亂他人的秩序，所以與其和他人合作，不如選擇可以自己獨力完成的工作。但在某些情形下，妥協也是有其必要的。

男 金牛座 工作

給人的印象常常是很土、很直，一般而言都不是很好。但只要交代給你的工作，你都會默默去做，幾乎不會出錯，所以在工作上可算是非常「能幹」。

雖然對自己的能力相當有自信，但你卻不會表現於外，而會藏在心裡，所以你深受長者的喜愛。

具有責任感，做事謹慎小心，適合在公司中擔任經理級的管理階級，或警察、消防員等保衛人民、國家的工作。

總而言之，你並不適合站在台上，指揮衆人做事，而適合從事執行的工作。

男 金牛座 金錢

和一般人同樣愛財，但卻不會貪婪的追求。不好高騖遠，會依照自己的能力消費，這樣子就能獲得很大的滿足了。

會將錢花在與同性朋友的交際上面，不會用在追求流行。千萬不可以賭博！

男 金牛座 戀愛

屬於會靜靜傾聽對方說話的類型，只有在女性以身相許之後，才會慢慢透露自己內心的想法。

你與華麗無緣，所以在選擇約會場所時，盡可能不要選擇繁華的街道或百貨公司之類，應該選擇寧靜的美術館，或者是兩人可以佇足談心的寺廟，才能使你的戀情進展順利。

你是一個會認眞談戀愛的人，而且會將愛情與精神相結合。獨佔慾也很強，當你一生起氣來，就會有管他三七二十一的恐怖一面。

一旦愛上對方，就不會和對方分開，會執著的愛她一輩子。

性愛方面往往都是同樣的形式，你重視內心的交流更勝於肉體的結合，所以只要在床上互訴衷情，就已經很足夠了。

男 金牛座 婚姻

雖然有些嚮往單身主義，但因爲你具有包容力，所以能引導女性共同建立踏實的家庭。很重視現實，並不會度過波瀾萬丈的人生，只要能與妻兒過著幸福的生活，就已經很滿足了。

也許在別人眼中，你的人生有些許乏味，但每個人都自有一套「人生哲學」，不是嗎？

希望你所選的女性也和你有著相同的價值觀，所以「飛躍型」或「女強人型」的女性都不適合你。與其選擇大都會的現代女性，倒不如考慮鄉下的純樸女性會比較適合。

女 O血型 雙子座

5月22日～6月21日

與B型的巨蟹座
或天蠍座的男性
相合性佳

女雙子座 性格

知性、頭腦靈活、好奇心非常旺盛、有求知慾，屬於才華洋溢的女性。但稍微有一點傲氣，如果能控制一下，那妳的可愛度將會倍增。

具社交性，說話非常明朗，深受他人的喜愛。但有時太過表現自己的才氣，會引來周遭的反感。

在氣氛的驅使下，妳一講起話來就沒完沒了。應該常以冷靜的心去觀察自己，控制自己，別讓自己說話脫線了。

女雙子座 人際關係

非常重視人與人之間的交流，能說出真心話，並不會刻意討好、巴結他人。有時說話會毫不客氣、不顧情面，因此會被男性排除在外。

有大姊頭的風範，常是後輩商量的對象。當他人有求於妳時，妳總不會拒絕，這一點是妳的長處，也是短處。

此外，因爲說話風趣，大家都喜歡和妳相處，不知不覺中就會成爲話題中心。

女 雙子座 工作

妳時常換工作，累積了豐富的工作經驗，因而在職場非常活躍。但在此之前，妳需要非常的努力。

有乾脆的一面。時常工作到一半就乾脆不做了。遇到自己不喜歡的工作，會不停的換，到頭來什麼也得不到。

專心投入一項事情當中，對容易厭煩的妳非常重要。例如，學其他語言，最後妳一定可以巧妙的運用它。

對於任何工作，都能隨機應變。頭腦轉得非常快的妳，適合大眾傳播等，富於變化的職業。也有很多女性關心社會及政治，因此成爲政治家或記者也不錯。

女 雙子座 金錢

妳不會拚死拚活的賺錢，想要的東西，會很乾脆的買下來。

看起來很節儉，但也有慷慨的一面。該節儉時節儉，該大方時大方，妳就是這樣非常會使用金錢。

女 雙子座 戀愛

嚮往羅曼蒂克的愛情。妳會和他站在

美麗的橋上接吻，會在他的耳邊喃喃細語，更會在飯店的吧檯與他共舞。

年長、成熟的男性較適合知性的妳；相反的，年輕的男性則無法滿足妳。

富於挑戰性的愛情，會使妳充滿熱情，而慢吞吞的愛情則使妳感到厭煩，甚至會發生出軌的情形。

並不喜歡老是做相同的事，追求不斷變化的妳，希望能嘗試各式各樣的愛情。妳也很重視肌膚之親，在性愛方面非常激烈。

女 雙子座 婚姻

出乎意料之外，妳很適合結婚。妳具有生活力，婚後也會和丈夫共同爲你們的婚姻生活而努力。

夫妻之間最重要的是一體感。如果對方不愛說話，你們就無法交流，這樣會讓妳感到無聊。

盡量找和自己有相同價値觀及行動的人，才能享受幸福的婚姻生活。

對工作太過投入，而使婚期延宕的人也不少。但這多半是具有魅力、頭腦很好、擁有很多男性的女性。因此，婚期晚一點也無妨，只要自己的人生過得自在就好了。

有了孩子，會使妳的母性覺醒，使妳會重視孩子更甚於丈夫。

男 O血型 雙子座

5月22日～6月21日

與A型的巨蟹座或天蠍座的女性相合性佳

Gemini

男 雙子座 性格

具有理解力和表現力，屬於思想型的男性。另一方面，你也具有活動性，不拘泥小節，擁有大而化之的性格。

此外，辯才無礙的你，口才非常好。你具有以開朗話題娛樂他人的才能，因此常成爲團體中的中心人物。

博學多聞，並有上進心，會不斷追求更深的學問。你並不屬於專才，而是屬於通才，能以大膽理論吸引他人。

男 雙子座 人際關係

會仔細聽他人說話，再下適當判斷。所以，年輕時便立於人之上。

另外，在長者的眼中，往往會覺得你是一個「傲氣的傢伙」。

身爲男性的你，如果被視爲「愛說話

的傢伙」，一開口就喋喋不休，口無遮攔，也許就會讓人覺得你很輕薄。因此，可在說話當中加些知性的內容，並表現點威嚴。

你也喜歡收集他人的情報，但最好不要談論他人的隱私。

男　雙子座　工作

會在他人面前表現出一副很在行的模樣，容易陶醉在自我的演說中，因此，你很適合當政治人物。

你有從局部掌握全體的能力，能做出適當的判斷，建議你從事顧問或諮商的工作。

但是，對於只會自說自話的人，從事司儀、演員等表現工作，會比從事諮商者要好。

一般而言，這類型人有工作過度的傾向。年輕時因爲體力好，尙能勝任，但隨著年紀增長，會感到越來越疲憊。因此要特別注意身體健康。

男　雙子座　金錢

只要賭博就一定有破財的危險，所以最好不要和賭博扯上關係。你是個很會賺錢卻也很會花錢的人，所以大概存不了什麼錢。

「人生如果不快樂就沒意思了！」這就是你的人生觀。所以追求快樂的你，不會吝於花錢。

男 雙子座 戀愛

你是屬於迷戀型，只要遇到心儀的女性，就會立刻邀約，和她約會，但卻鮮少發展成眞正的戀情。你是採取「即使再笨的砲手，也有一發擊中」的方式，只要見到稍微對眼的女性，就會放手追求。到頭來，你也弄不清楚究竟誰是你的眞愛。

也有爲所欲爲的一面，不考慮對方就下決定。因此，柔順的女性最適合你。如果對方是有主見的女性，你們會經常起衝突。

大部分的人很懂得如何討女人歡心，但你最好以更誠懇的態度對待對方。

在性愛方面，你要求變化，會從書籍雜誌裡收集性愛的技巧，並加以嘗試。

男 雙子座 婚姻

戀愛時也許你會猶豫不定，但決定結婚時就很果決了。一旦認定「這個人」之後，絲毫不考慮，立刻就會向她求婚。

具有包容力，非常重視女性。但你也有花心的一面，只要見到美麗的女性就會忍不住動心。你總是抱有年輕的心，這樣是很好，但也請多想想孩子及家庭。

你也有十分任性、三心兩意的一面，所以缺乏主見及堅定的女性，是無法忍受你的。

在背後默默支持丈夫，實際上——這種類型的女性最適合你。

女 O血型 巨蟹座

6月22日～7月22日

與B型的水瓶座或雙子座的男性相合性佳

女 巨蟹座 性格

活潑、具有決斷力的現代女性。感受性豐富，容易掉眼淚，具有悲天憫人的一面。與人共鳴的能力非常高，只要見到他人受苦，就彷彿是自己的事情一般，不吝於伸出援手。

但這並不是多管閒事，與自己不相干的人，妳是不會去干涉的。

會以一顆溫柔的心包容他人。不拘小節、大而化之的個性，讓妳有原諒他人一切錯誤的度量。

其中，也有易受他人影響的人。

女 巨蟹座 人際關係

情感非常豐富，能原諒他人。但有時好惡表現太明顯，顯得非常焦急的樣子。

「這是你的事，我那麼著急，你怎麼

反而事不關己一樣！」會有這種感覺並苛責對方，但這樣的行爲會使妳的人際受到影響。正因爲感受性比他人高，所以妳無法將自己和他人劃分清楚。

不管再怎麼會引起共鳴，他人終究是他人。如果關係太過密切，反而會令人受不了，雙方都需要自己的空間。

女 巨蟹座 工作

只要能擁有確定的人生目標，妳就能成功。不要受周圍的人所左右，應該以自己的步調，專心一意投入一件工作。

如果這也想做、那也想做，三心二意的不斷換工作，結果妳的願望始終無法達成，只是白費力氣罷了！

尤其是在公司服務的人，千萬不要只和喜歡的人交往，因爲免不了會有與不喜歡的人共事的機會。

如果妳無法和不欣賞的人相處，與其強迫自己忍耐，還不如辭職算了。

能滿足妳精神的工作最適合妳，以人爲對象的社會工作者或諮商人員最適合。

女 巨蟹座 金錢

妳的金錢觀很好，花費不多，也不會胡亂花錢，屬於腳踏實地派。

有時候，妳也可以寵愛自己一點，花點錢打扮自己。如果太過吝嗇，會使內心貧困，反而使自己感到焦躁。這時應該買一些喜歡的東西來犒賞自己。

女 巨蟹座 戀愛

具有母性溫柔的一面。爲了自己心愛的人，妳會親自下廚，甚至做蛋糕、禮物送給他。妳這樣的「付出」，可以滋潤兩人的愛情。

約會的場所，以感覺自然舒適的場所爲佳。與其去主題樂園，倒不如去野鳥公園或植物園來的適合。羅曼蒂克的耳語，也是增加親密感的要素之一。

妳是一個用情很深的人，但佔有慾及嫉妒心也很強。如果表現得太過囉唆，會讓男性感到抑鬱的。

如果是和自己喜歡的人，妳會希望和他享受濃烈的性愛。只要氣氛允許，妳就會變得相當大膽。

女 巨蟹座 婚姻

妳的母性本能非常強，會待在家當一個好妻子。只要照顧心愛的丈夫、可愛的孩子，就能使妳獲得很大的滿足。

心情好、待在安定的場合中，就會使妳感到充實，因此妳很少外出。

非常安定也是一種生活方式，只要自己喜歡就好。但一般男人無法忍受太過安定的環境，所以，妳最好選擇個性相同的居家男性。

妳很重視和孩子之間的肌膚之親，但如此會使孩子過於控制感情。千萬要注意，不要過分保護與過分干涉。

男 O血型 巨蟹座

6月22日～7月22日

與A型的水瓶座或雙子座的女性相合性佳

Cancer

男 巨蟹座 性格

寬大、纖細，很會照顧他人，是值得依賴的人。

你的思慮很細膩、成熟，基本上是內心溫柔的人，擁有寧靜的一面。你親切、和藹的態度會獲得他人的信賴。

但太過溫柔也會使自己受傷。比較內向的你，會選擇隱藏感情。但隱藏感情反而加深你的煩惱，所以適當說出眞心話也很重要。

豐富的經驗才是男人的財富。

男 巨蟹座 人際關係

由於很會照顧他人，所以和大家都相處得很好。不過，也有忽冷忽熱的時候，如果出現這種個性，則只會和自己喜歡的對象交往，對不喜歡的人，連理都不會理他。

尤其是年輕時，這種好惡表現得更爲明顯，常有人因而發生人際糾紛。

若能發揮O型的包容力，以大而化之的態度去面對，則會得到更好的評價。相反的，如果採取獨善其身的態度，爲所欲爲，那只會使朋友都離你遠去。

男 巨蟹座　工作

能夠積極發揮領導能力，工作時充滿能量，基本上屬於工作狂。

不要太過自私，你應該想想別人的處境，才能充分發揮你的能力。

這類型人擔任企業的總經理，也會成功。

此外，因爲充滿慈愛，當師父或牧師都不錯。

你是個感覺敏銳的人，有希望能成爲演技派的演員。

只要多啓發自己的可能性，將會發現你的世界竟是如此寬廣。

男 巨蟹座　金錢

很不擅長於規劃金錢。只要有朋友邀約，你就會去喝一杯，原來不必花費的錢就這麼花掉了。其實，朋友約你，偶爾也可以拒絕啊！

此外，由於不服輸的個性，如果賭博會越陷越深，這一點需要特別注意！

男 巨蟹座 戀愛

你是一個會好好照顧愛人的騎士型男人。非常率直，只要喜歡對方，就會立刻將心意傳達給對方知道。

此外，如果有情敵出現，你的怒火會完全燃燒起來。完全不考慮對方的心情，而做出大膽的行動。

本質上屬於溫柔的男性，你也具有只要女性高興，什麼都可以給她的「男性特質」。也有些人不只對戀人好，而是對每一個人都這麼溫柔。

年輕時很難控制自己的慾望，因此會出現動物般的性行爲。但隨年紀增長，也學會控制自己，懂得以軟性的態度面對女性，才能夠讓女性快樂的道理。

男 巨蟹座 婚姻

具有包容力，值得依賴，是重視現實的人。不會浪費金錢，能夠組織美好的家庭。

對工作非常投入，絕對不會讓妻兒挨餓。如果無法讓妻兒獲得溫飽，證明他的運氣不好！

有些人主張單身，但你的情況並不適合。你不屬於大男人主義，會好好照顧妻兒，而是屬於「值得依靠的男性」。

有的人期待與另一半過著平凡的生活，相守到老，但事與願違，而你卻能夠辦得到。

女 O血型 獅子座

7月23日～8月22日

與B型的魔羯座或處女座的男性相合性佳

Leo

女 獅子座 性格

充滿生命力、很有力量的女性。生活力旺盛，非常堅強。是快樂的行動派，不管什麼事情都是向前看，能夠率直的表現自己。有時也有自私的一面。

討厭犯錯，有不聽他人勸告的頑固性格。是積極、獨立自主、自尊心強的女性。在公司裡能率領他人，充分發揮自己的才能。有上進心，會執著於自己的目標。

女 獅子座 人際關係

在人際關係的表現方面，獅子座的女性渴望居於領導者的地位。

在長者眼中，妳有點自命不凡的氣質。對仰慕者很親切，很照顧對方，就像大姊姊一般。特別照顧年輕的同性，因而大家都覺得妳是一個值得依賴的人。

此外，妳很害怕孤獨，是一個禁不起寂寞的人。

爲所欲爲的個性，有時會被他人孤立。別期望人人都能把妳當成女王一樣看待，千萬不要一意孤行。

女 獅子座 工作

在公司裡，妳是一個非常有能力的女性。說話明快，具有說服力，經營手腕佳，況且有過人的忍耐力，以及充沛的能量，因此很適合作老闆。

妳喜歡華麗的裝扮，渴望時時受人注目，因此，很適合當女演員，或流行服飾的模特兒。

雖然有持續力，但自我中心傾向會使妳在商場裡塑造敵人。

但天生個性開朗，而且不斷克服困難，所以支持妳、幫助妳的人會越來越多。在工作中擁有成功及失敗的經驗，才能使妳更成長！

女 獅子座 金錢

喜歡豪華，自我表現慾強，會將錢花在購買流行服飾、飾品及交際費方面。追求虛榮，會有超乎自己能力的支出。往往有人因而在經濟上出現大麻煩，所以要特別注意。

唯有計劃性的使用金錢，方能使妳的人際關係更廣闊，而且會使運氣更好喔！

女 獅子座 戀愛

關於愛情，妳的好惡表現非常激烈，有愛怎麼做就怎麼做的傾向。當愛的火花被燃起後，妳會表現得十分狂熱，甚至難以控制的地步。

妳會積極追求對方，想握有愛情的主導權。因爲喜歡和自由奔放的男性交往，所以常會被人誤認爲「愛玩的女孩」。

不在意他人批評的妳，不管是否在人前，只要和自己心愛的人在一起，都會充分享受戀愛的快樂。

妳傾向疼愛年輕的男子，更甚於向年長男性撒嬌。會大膽、熱情的享受性愛。很難和不來電的男性談戀愛。

女 獅子座 婚姻

妳的婚姻是屬於以妻爲貴的形態，也就是女性比男性的存在感更強。其中也有男主內、女主外的情形，使得原本的內人變成外人了！

婚後的妳依舊充滿活力，喜歡華麗的事物，要求充滿變化的生活。會自由自在的追求妳所認爲的快樂。

太過認眞、一板一眼的男性是無法瞭解妳的。最好找一個懂得陪妳一起享受的人，或是雖木訥卻又了解妳的男性。

有人非常重視人生的享樂，主張晚婚。也有人認爲婚姻並非女人的全部，因此不拘泥婚姻的形式，採同居的形態。

男 O血型 獅子座

7月23日～8月22日

與A型的魔羯座或處女座的女性相合性佳

男 獅子座 性格

心胸寬廣，成熟穩健，是不拘小節的大人物。具有決斷力、強韌的意志力，能發揮領導者的氣質。

擁有自己的信念，富俠義心，是能擔任團體領導者的人。

只要發現朋友有困難就會積極援助，並能以冷靜、沈著的態度，面對一切的困難。能成爲團體中的佼佼者，發揮領導者的特質，精力十分旺盛。

美中不足的是，那過分追求權力的個性，有時會給人一種獨裁者的印象。也有人發揮俠義的精神，而成爲宗教家。

男 獅子座 人際關係

就像大頭目一樣，周圍聚集很多人，而你也大方的供手下吃喝玩樂。

從年輕時代就很會照顧他人，隨著年齡增長，這種熱誠始終如一。因此年齡越長，你的朋友也就越多。

此外，你非常喜歡熱鬧的氣氛，所以時常舉辦宴會。雖然年輕時會因傲慢而吃一點苦，但隨著歲月的歷練，你會越來越成熟，並懂得收斂。

男 獅子座 工作

獅子座的你，是一個追求光榮的野心家。對工作充滿能量與自信，思緒非常豐富，會不斷向頂尖的目標邁進。

也有自私的一面，所有事情都照自己的意思去做，但這也是掌握成功所必要的。你無法安於小公司，但擁有良好判斷力及決斷力的你，著實是個很好的主管級人才。

眞正能使你生龍活虎、充分表現的工作，只有創業一途。此外，你的權力慾望強，因此成爲政治家也很適合。

男 獅子座 金錢

生性奢華又愛請客的個性，使你用錢極爲大方，手頭沒什麼積蓄。

有的人愛賭博，總是跳脫不了撈本的迷思，因而沈迷其中，甚至家破人亡的也大有人在。與其沈迷賭博，不如將精力投注在工作中，能獲得更好的結果，而且能帶來更好的運勢，因爲你的財運是由工作引導的。

男獅子座 戀愛

屬於積極追求的類型，只要是心儀的女性，你就會不顧一切的將她追到手。

通常有好幾個戀愛的對象，而且對每一個女友的獨佔慾都很強。一旦和對方發生性關係，就會想將對方納爲已有。

具獨佔慾，另一方面亦有包容力。女性會被這種魅力所吸引，而無法離開你，因此會這樣拖拖拉拉的交往下去。

在你看來，愛情和婚姻是不一樣的。

你喜歡男性在上的性愛，而且特別喜歡粗魯的性愛。但因爲太過緊張，反而無法使女性得到滿足。

男獅子座 婚姻

你非常値得依賴，是典型的大男人主義者，具有男性應該擁有的威嚴。另一方面，你也有穩定的經濟力，能維持安定的婚姻生活。

只不過，婚後的你仍舊抱著「英雄本色」的心態，妻子是無法滿足你的，因而容易有出軌的行爲。就是因爲精力過於旺盛，所以你會找其他女性。這時若將精力集中在工作，則能事業家庭兩得意。

此外，有很多人會爲孩子煩惱，所以早一點生小孩比較好。爲了將來打算，應該從年輕就積極準備買房子，以確保生活的安定。

女 O血型 處女座

8月23日～9月23日

與B型的白羊座
或獅子座的男性
相合性佳

女 處女座 性格

處女座在女性中屬於理性思考的類型，具有知性，非常有教養，通常批判意識較高。對自然的感受性很高，憧憬遙不可及的羅曼蒂克。同時具備大地的本性，不會心浮氣躁，務實而安定。

妳也有纖細的一面，但若過分追根究柢，只會弄得自己精疲力盡而已。所以不論何事，都應適可而止。

女 處女座 人際關係

很重視朋友，沒有表裡之分，對任何人都眞心以待。朋友們會找妳商量事情，但妳也很有分寸，從不過分干涉對方，因此大家都很欣賞妳這種個性。

妳不喜歡多管閒事，認爲每個人都應有充分的自由，所以和朋友之間總是能維持一種適當的距離，讓彼此都有自己的空間。

不分老少，對任何人都十分親切、彬彬有禮。雖然和他人的配合度高，但必要時，妳也會清楚表達自己的立場。

女 處女座 工作

能臨機應變的處理事情，不論是他人指派的事情，或是需要創意的工作，妳都能發揮自己的能力。

有的人始終安定不下來，不斷的換工作，但最好儘快找到適合自己的工作。

適合從事學校教師、或補習班老師等與教育有關的工作。在此，也建議妳從事與人際溝通有關的職業，諸如諮商員或社會福利工作都是不錯的選擇。不要只為了賺錢而工作，應該選擇自己喜歡的工作，才能勝任愉快並持續下去。

女 處女座 金錢

能夠依照自己的步調一點一滴的儲蓄，非常踏實。理財以安全爲優先考量，絕不會進行投機性投資，會將錢存放在銀行或郵局的定存，以踏實的方式理財。

妳絕不會有金錢方面的困擾，因爲妳是一個腳踏實地的人，不可能做超出能力的花費。

女 處女座 戀愛

處女座的女性大多是憧憬純純的愛，

禁不起甜言蜜語誘惑的類型。欣賞的男性屬於穩重的紳士類型，最討厭自由業、學生等穿著隨便的男性。

注重整潔的妳，與其選擇豪爽、明快的男性，不如選擇纖細的男性，會比較適合妳。

一開始，你們的戀情進展得很慢，但是隨著熱情升高，最後會進入眼中只有他的階段。

從戀愛到結婚前這段期間，周圍的人都會默默祝福妳。

不熱衷於性愛，不喜歡對方粗魯的舉動，喜歡輕柔的接觸。在選擇男性時，植物性的人比動物性的人更適合妳。

處女座 婚姻

妳是一個外柔內剛的人，具有獨自生活的能力。婚後會爲對方處處著想，而在各方面盡量配合。

此外，婚後很快就會有孩子，而使生活形態有所轉變。但在忙碌當中，妳會過得很充實。對孩子不要太過神經質，盡量以大而化之的態度管教孩子，注意家庭的和諧。

不要對丈夫有過多的期待，只要能憑妳的才能來掌握這個家，你們就能享受圓滿的家庭生活。當然，也有人距離婚期還遠，連八字都還沒一撇，因此也用不著急著結婚，考慮淸楚再說吧！

男 O血型 處女座

8月23日～9月23日

與A型的白羊座或獅子座的女性相合性佳

男 處女座 性格

乍看之下，你是位一板一眼、非常踏實的人，具有包容力，喜歡照顧別人，所以是個理想的交往對象。

能面對現實，給人一種安定感，人情味豐富，待人親切。

頭腦清晰又浪漫的你，能正確分析現實，理性又充滿人情味。一方面進行理論推理、重視資訊，另一方面也顧慮到人情世故。

絕不會有突如其來的舉動，而會小心謹慎的踏實行動。

男 處女座 人際關係

與人約定的事情一定會誠實遵守，因爲這種認眞坦率的性格，所以不論年長或年輕的人都非常信賴你。

稍微欠缺幽默感，是你美中不足的地方，這一點也許會使你的好朋友較少。

不要只是在工作環境、學校裡交朋友，必須刻意創造其他方面的人際關係。可以試著參加有興趣的社團或義工團體，或上網交交朋友，要積極的往未知的世界前進！

男 處女座 工作

能夠投入一項工作當中，發揮意想不到的能量而成就大事業。

有上進心，無時不在思考如何使自己的能力更上一層。

不管從事任何工作，都有良好的適應能力，所以不論什麼工作都難不倒你。深受上司的信賴，會被交付重要的任務，但你的弱點就是禁不起壓力，所以千萬不要勉強。

在他人面前，能夠充分展現自己的優點，如果選擇從商，成功機率相當高。可以將你的視野往貿易、網路等方面發展，從事一些國際性的事業。

男 處女座 金錢

金錢方面幾乎不會有任何糾紛，會滿足於現狀，所以絕不會有借錢的情況。

由於你的金錢觀太過踏實，雖然絕不會貧窮，但相對的也不會富有。你不是以錢滾錢的投機類型，只有腳踏實地、一點一滴的儲蓄，才是聰明的作法。

男 處女座　戀愛

會將感情很坦白的傳達給對方知道，看起來謹慎而略帶消極，但只要你一投入，則會率直的表達感情。

非常重視戀愛的過程，會以彼此的談話為樂，努力使雙方的感性趨於一致。

絕不會同時和多位女性交往，一旦決定特定對象之後，就會陷入熱戀之中。

只有和對方維持平等的關係，才能使你安心。如果有一方表現得較為強勢，那你們可能距離分手不遠了。

當確認彼此的感情後，就無須太過拘束。不妨配合當天的氣氛，時而幽雅、時而火熱，在性愛方面可以多些變化。

男 處女座　婚姻

是心胸寬大、值得依賴的人。生活方式踏實，不論精神或物質方面，都能提供對方安定的生活。基本上是以家庭為重的人，下了班會馬上回家。維持如同朋友一般的婚姻關係是最好的。

你的獨佔慾較強，絕對不允許妻子任意的行動，有時甚至會給予過度的干涉。在這樣的相處模式下，即使是相愛摯深的兩個人，長久下來也會出現摩擦的。

有時候你必須要改變自己的想法，每個人都擁有屬於自己的空間，並不是結了婚就只能擁有夫妻之愛。何不創造出有點黏、又不會太黏的婚姻關係呢？

女

O血型 天秤座

9月24日～10月23日

與B型的天蠍座或雙魚座的男性相合性佳

Libra

較少獨自一人煩惱，擁有「事情會怎麼樣，就會怎麼樣」的人生哲學，因此，絕不會使自己過得痛苦。

女 天秤座 性格

妳喜愛藝術與大自然，感受性非常敏銳。也有活潑、外向的一面，有在衆人面前表現的慾望。

頭腦轉得非常快，多半是屬於知性的女性。性格不拘小節，非常開朗、樂觀，很會享受人生。擁有一副好口才，懂得如何運用談話使人快樂。

女 天秤座 人際關係

巧妙的維持人際關係，具有良好社交性，不論和誰都能相處得很好。

由於和任何人都相處得很好，因此常會被視爲「爛好人」，但對於他人的評價無須太在意。

自由奔放的交往是妳的信條，妳來者不拒，去者不追，以這種心境來經營人際關係。

有時候，妳也會以自己的步調，淡淡的經營人際關係。乍看之下，會帶給人冷淡的感覺。

女 天秤座 工作

妳並不討厭工作，相反的，妳還會積極要求自己在工作中更上一層樓。

基本上，妳的性格是屬於外向的，與其待在辦公室裡，不如走出戶外，在大自然裡工作。

此外，妳也是兼具知性與美感的人，也許能往生物學技術研究、或植物、園藝、畫家、雕刻家、陶藝家等等藝術相關的領域前進。

人生比妳想像中短多了，不要這也想做、那也想做，人的一生是做不了那麼多事情的。應該盡量在年輕時就擁有生涯規劃，並努力向目標前進，才能開展妳的運勢。

女 天秤座 金錢

在追求快樂之餘，只要稍注意別太過浪費，關於金錢妳是不必操心的。

有時妳也會多花一些錢，但因爲能自我節制，所以不會花得太過分。妳的平衡感很發達，因此不會迷失自我。

女 天秤座 戀愛

天秤座的女性給人的感覺非常現代。有隱藏自己情感的傾向，但也會沈迷於愛情的快樂之中。

最好在言詞之間，維持你們的親密關係，像朋友一般的愛情是最好的。不過，如果妳的自我意識很強，那麼，則可能會有晚婚的現象。

知性與感性非常均衡，會以成熟的感情爲目標，尋找合適的男性。喝一點酒後，較容易使彼此談話的氣氛熱絡起來。

一開始任由對方行動，自己什麼也不做。但只要熱情被挑撥起來後，妳就會變得很大膽，配合著氣氛嘗試熱烈的性愛。

女 天秤座 婚姻

不拘泥於結婚的形式，覺得兩人不需要一天到晚膩在一起，只要彼此有需要時能在一起，那就足夠了。

關於婚姻，往往會憑直覺來做決定。但過一段時間，也很可能會突然閃電離婚。也有人不結婚，而選擇作「未婚媽媽」。

如果妳想過著幸福快樂的婚姻生活，就要愼選妳的另一半。在經過長期交往，等到自己的想法非常成熟穩重之後，再來考慮婚姻的對象比較好。

現代的單身貴族有增加的趨勢，這代表每個人都可以掌握屬於自己的幸福。

男 O血型 天秤座

9月24日～10月23日

與A型的天蠍座或雙魚座的女性相合性佳

男 天秤座 性格

話題非常豐富，具知性，能充分掌握人性細微的部分。有人情味，做人十分寬宏大量與親切。

平衡感發達，擁有高品味，討厭穿著亂七八糟或沒有禮貌的人。

拘泥於美的意識，用心的佈置房間。

算是男性裡對流行非常敏感的類型，但華麗的流行並不適合你。你不屬自然派，而是屬於正式派。

男 天秤座 人際關係

說話幽默風趣，大家都很喜歡和你聊天，因此交友廣闊。對於人，你毫無區分，一律以寬容的態度交往。

個性穩重的你很會照顧他人，所以不只同性，你也深受異性的信賴。

你喜歡集體活動勝於一人獨處，會積極參與大小聚會以擴展人脈。

你也願意成爲團體中的領導者，通常負責籌劃公司的宴會或旅遊等活動。

男 天秤座 工作

具良好協調能力，是一位優秀的領導者，能充分發揮領導部屬的能力。

年輕時沒有手下，什麼事情都得單打獨鬥，因此非常辛苦。孤軍奮戰的你，往往會因此而失敗。

你必須要儘早學習如何指揮他人，發揮你的領導能力。如果能擔任管理職務，你的才能一定能充分發揮。

此外，你具有充滿知性的想像力。如果朝九晚五的工作令你喘不過氣，不妨選擇演員工作，能使你的人生更有挑戰性。

畢竟一生只有一次，如何讓自己不後悔才是最重要的。

男 天秤座 金錢

會立下目標努力存錢。雖然你以簡單生活自許，但意外的，你會花費不少金錢在流行物品上面。

與其把錢浪費在許多廉價品，不如把錢集中購買一樣眞正好的物品，更能爲你帶來幸運。

男 天秤座 戀愛

充滿精力，懂得表現自己。對追求女

性很消極的人，從現在開始，表現得活潑一點吧！一味的等待，不如主動敲開幸運之門，畏首畏尾的想法是不適合談戀愛的。

很多人都喜歡知性或藝術方面的話題。約會場所不要選擇繁華喧鬧的街道，應該到郊外踏青，或是美術館、博物館等安靜的地方。

請以開朗的話題使你的戀人快樂，用言語的魔力掌握女性的心，讓她投入你的懷抱吧！

在約會時，你表現得非常紳士。但在享受床第之樂時，你就變得十分好色了。尤其是喝過酒後，要非常小心！

男 天秤座

婚姻

關於婚姻，你不會妥協。在尋找到真正理想的對象前，寧可一直等待。但請別只是等待，也要積極去尋找才對。

你很重視第一印象，但若要長期交往，只憑第一眼印象是不夠的，應該要找尋和你相合的伴侶。

兩個人擁有相同的目標，夫婦同心協力，才能有幸福的婚姻生活。

結婚之後，你不喜歡成天關在家裡，喜歡帶著妻兒出遊。要小心，別因工作而忽略家人喔！

女 O血型 天蠍座

10月24日～11月22日

與B型的天秤座或雙子座的男性相合性佳

女 天蠍座 性格

想法踏實，是意志堅強的女性。個性樸實、不喜華麗，擁有獨到的見解。

從外表看來，妳是一個令人捉摸不定的人，但內心其實是潛藏著熱情，一生充滿繽紛的色彩。

個性溫順，但只要一發起脾氣就不得了。雖然外表並不醒目，卻個性十足。

妳是非常瞭解他人情緒的成熟女性，成熟之後的妳，會比年輕時更有韻味。

女 天蠍座 人際關係

擁有一種沈著的安定感，能夠掌握人心。深受年輕人的依賴，不管什麼事都會找妳商量。與人沒有距離，以開放的心胸與他人相處，因此人際關係非常好。

天蠍座的女性多少也有自己的秘密，

有時會將自己封閉在自己的框框裡，因而使人際關係變得狹隘而孤立。

雖然妳不必擁有很多朋友，但不要只是被依賴，有時候依賴別人，也可以擴展自己的生活領域。

女天蠍座　工作

非常有耐力，不論何事都能堅持到底，加上忍耐心強，是一個能託付重任的人。但是很難配合他人，只會依照自己的步調行事。

不會總是順應他人的意思，也有著激情的一面。即使是無需爭論的事，久而久之也會和人起衝突，這就是妳。妳的忍耐是有一定的限度的，只要超越那條線，妳的情緒就會一股腦兒的爆發出來。

不要只將工作的對象設定在人身上，也可以考慮與大自然相關的工作。只要將眼光放開一點，妳就能找到很適合自己的職業。有時候，也需要有換工作的決心與勇氣！

女天蠍座　金錢

金錢觀非常發達，是屬於「節儉型」的人，在金錢方面不會有什麼困擾。

生活謹慎節儉，但有時也會「讓內心奢侈一下」，並不只是一味的存錢而已，會巧妙的計劃金錢的使用方式。

有時候，會藉著和朋友出國旅行來調適心情。

女 天蠍座 戀愛

具有獨佔慾，是個非常熱情的人，會直接將慾望展現在對方面前。一旦遇到喜歡的人，就非常認眞。也有自私的一面。

當遇到自己喜歡的對象時，妳會積極的表現自己，甚至會主動的追求對方。

一邊抓住對方的重點，一邊以寬大與包容的愛情接納對方。如果凡事感情用事，那麼妳激烈的熱情，將會嚇跑膽小的男性。不要只是自己單方面的燃燒熱情，應該是雙方一起，妳必須要耐心等待男性的引導。

對性愛非常奔放，妳很喜歡在喜歡的人面前，赤裸裸的展現自己。

女 天蠍座 婚姻

具有謀生的能力，能夠建立安定的家庭生活。婚姻與戀愛要超脫「愛」的境界，藉由「情」使彼此的關係更長久。畢竟沒有一個人在經歷二、三十年的婚姻生活後，仍能保有當初的熱情。

穩健的婚姻生活比激情更重要，最好溫柔的對待丈夫，並且以孩子爲中心。但也不表示非要辭去工作，能在家庭和工作中求得兩全，並擁有巧妙的控制能力，會使妳更有自信。

妳也是不拘泥於婚姻形式的類型。但爲了以後漫長的日子，還是有個結婚證書當作契約比較好，如此也能使妳更安心。

男 O血型 天蠍座

10月24日～11月22日

與A型的天秤座或雙子座的女性相合性佳

Scorpius

男 天蠍座 性格

沈著、冷靜，忍耐力強而充滿熱情的男性。你總是有許多秘密的樣子，給人很酷的感覺，這也正是你的魅力所在。

不知道怎麼回事，總是嚮往光明面。其實在黑暗深處，你具有強大的威力，內藏著開啓人生道路的能量。只要你能蓄積這種能量，在必要時就能發揮出來。

具有敏銳的洞察力與強烈的意志，不管遇上什麼難事，你都能堅強的度過。

男 天蠍座 人際關係

你的心腸很軟，也許平時看來不太好相處，但只要有需要，你就是一個值得依賴的人。因此，在年輕朋友的心目中，你就像是大哥哥一般。但你這種優秀的特質不常表現出來，所以對你多少有些損失。

不要封閉自己，只要有一定程度的協調性，將會使你的人際更加寬廣。

如果能以大而化之的心態面對朋友，不論任何年紀的朋友，都能接收到你的體貼的。

男 天蠍座 工作

很有耐性，對工作充滿熱忱，不論何種工作，一定都會堅持到最後。年輕時因爲精力旺盛，更會全心投入於事業中。

你的集中力，深受上司青睞。不屈不撓的精神，使你率先從事困難的工作，而獲得周圍的好評。你對工作也充滿能量，不只會替人做事，同時也在自己的事業上盡情發揮能力。

因此，在大企業中服務之外，你可以嘗試自己創業。此外，有一技之長，擔任技師方面的工作也不錯。

男 天蠍座 金錢

凡事非常謹愼、用心，絕不會從事高風險的投資。但在朋友的邀約之下，有時也會去買彩券。要特別注意，千萬別越陷越深！

只要不沈迷於賭博，財運就會源源不斷。就算你腳踏實地，不求一獲千金，但不知不覺的，總是有其他的收入。

男 天蠍座 戀愛

遇到困難或障礙時，就越能激發競爭

的心。一旦內在隱藏的熱情爆發出來，很容易被熱情所燙傷。你應該一點一滴的釋放熱情，好好享受屬於你的愛情。

話雖如此，你卻不會積極的追求女性，總是等待對方發出信號。你對女性的表示，感受性特別敏銳，如果喜歡對方，就會立刻採取行動。

此外，你絕對不會同時和多位女性交往，你崇尚和一位女性的愛情長跑。

在性愛方面，你的精力旺盛，恢復力也很快。但如果次數過於頻繁，會有損你的健康，尤其中年以後更要特別注意！

男 天蠍座 婚姻

結婚之後能築起安定的家庭。天蠍座的男性多半是對婚姻非常謹慎的人，縱使擁有很多機會，卻遲遲無法走上紅毯的另一端。如果不發揮你的決斷力，是無法掌握幸福的。

不喜歡租房子的你，是屬於購屋主義者。所以婚後應該盡快成立購屋基金，早一點買房子才能提升婚姻的安定度。

婚後有外遇是一件很不好的事，你心裡也同意，但在不知不覺中，自己竟然也出軌了。談情說愛應該是婚前的專利，既然結了婚，就應該將所有的精力都投注在工作與家庭上面。

具有包容力，重視妻子和小孩，但也有大男人的一面。在維持丈夫的威嚴之際，也不要忘了常和愛妻和孩子說說話！

女 O血型 射手座

11月23日～12月21日

與B型的魔羯座或金牛座的男性相合性佳

女 射手座 性格

是不拘泥小節、大而化之的女性。獨立心強，能一步步築起自己的人生。

射手座的女性多半是想法柔軟、具有個性的人，不會因爲別人怎麼想而行動，而會依照自己的想法去做。

妳的行動非常敏捷、俐落，喜歡享受自由奔放的生活。但因爲妳有點驕傲，有時也會引起周圍人的反感。天性樂觀，總是能以自我的步調自我實現。

女 射手座 人際關係

妳就像個大姊頭，別人有事都可以找妳商量。會說眞心話的妳，朋友很多，交友十分廣闊。

妳的同伴意識很強，能和多個團體保持密切的聯絡。在自己有興趣的領域，也同樣有不錯的人際關係。朋友越多，妳的運勢就越好。但要特別注意與年長男性的糾紛。妳那呆呆的個性，有時候會招來「伯父」的嫉妒。這時候，妳也只能用與生俱來的笑臉來回應了。

女 射手座 工作

妳非常關心社會的領域，因此能活躍於工作崗位上。不過妳喜歡依照自己的步調做事，很討厭受他人命令。因此，與其在組織當中工作，倒不如選擇能依自我意識行動的自由業。

例如，獸醫、教練、花店經營者等與自然生態相關的工作。射手座也是很喜歡旅行的星座，所以擔任導遊也不錯。

只不過，妳有容易厭煩的特性，喜歡常常換工作。如果妳是有目的的換工作，那也無妨，但絕不要因爲討厭而換工作。一旦養成換工作的壞習慣，得來不易的幸運就會飛走了。

女 射手座 金錢

沒什麼物質慾望，追求精神方面的豐富。妳的財運不錯，有時突然進柏青哥店玩玩，卻意外的大有斬獲。但千萬不要沈迷喔！對金錢並不執著，有錢就花，沒錢就算了，從來不曾爲金錢所苦。

女 射手座 戀愛

屬於積極追求的類型，擁有像火一般

熱烈的情感。但在對方面前不要完全表露出來，應該適度加以控制，好好享受自然的愛情。妳對自己的感性十分有自信，所以交往時不會刻意配合男性，反而有點像是居於領導者地位的感覺。

談戀愛有時也要奢侈一點，如果遇到的對象很年輕或經濟能力較差，或者妳希望和男性保持平等的地位，在享受約會浪漫的同時，也得有自掏腰包的心理準備。如果太過吝嗇，會後悔的喔！

妳很喜歡在大自然裡享受性愛，給人開放、明朗的印象，也不會扭怩做作，會率直的表達自己的慾望。

女 射手座 婚姻

生活力非常旺盛，即使婚後，妳依然能在家庭與工作中求得兩全。其中，因爲太過熱衷於事業，而導致晚婚的女性也不少。事實上，本來也就沒有所謂的適婚年齡，因此，妳大可不必焦急，靜待「就是這個人」的男性出現。好好累積妳的能量吧！

獨立的妳，不會在經濟方面依賴男性，遇到喜歡的男性，只求兩人能夠自由的生活在一起，並不想造成對方經濟上的負擔。彼此不約束對方，創造出安定的關係是最理想的。

不生小孩也是一種選擇。沒有孩子的夫妻，一般都是「同志型」的結合，或夫妻間有共同的工作。

男 O血型 射手座

11月23日～12月21日

與A型的魔羯座或金牛座的女性相合性佳

男 射手座 性格

你是俐落的運動家。一般而言，具有魁梧的體格，但也有缺乏體力的人。如果你屬於後者，建議你修習一些精神方面的運動，例如，合氣道、太極拳等。

自小就非常獨立，很早就脫離雙親獨自生活，這樣也會提升你的運氣。對於社會的關心度很高，正義感強人一倍。個性非常開朗、積極，會對社會有所貢獻。

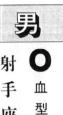

男 射手座 人際關係

具有人情味，很會照顧他人。不會在乎對方的貧富美醜，而以平常心和任何人交往。對事物常是抱持正面的想法。

充滿朝氣，就像大哥一樣，容易使年輕人主動親近你。你一視同仁的和他人相處，因此，在公司深受部屬的仰慕及上司的喜愛。

因爲你很關心政治與社會議題，所以在學校及職場外的人際關係也十分豐富。你不會只隸屬於一個團體，會和各式各樣的人交流，過著多采多姿的生活。

男 射手座 工作

你是一個自信家，在工作中也充滿能量。獨立心旺盛、具有行動力，但是你有點自負，不會聽取別人的意見，總是依自己的想法，勇往直前的向前衝。你就是具有這樣激烈個性的人！

如果事情進展順利的話還好，萬一遇到挫折，那可就麻煩了！

對自己有信心固然是件好事，但必要時還是得踩煞車才行。

你擁有面對挑戰的精神，不要只是當個朝九晚五的上班族，應該活用你的機會，積極拓展你的人生。你能成爲經理級的人物，也很適合從事有野心的政治家。

男 射手座 金錢

你的金錢觀只有灑脫二字可形容。心情好時，什麼錢都可以花。和他人共乘計程車，會攬在自己身上，不讓他人出錢。在部屬或女性面前，出手更是大方。

你並不會斤斤計較，因爲金錢只不過是「身外之物」。如果沒有錢，就好好工作，等到哪天成功了，自然就會有錢，有什麼好煩惱的！

男 射手座 戀愛

愛情有時也需要強硬點，但若演變成一意孤行，可能會招致對方的反感。你會率直的表現自己，積極的給對方壓力。有時也爲對方想想好嗎？

正所謂一個巴掌拍不響，戀愛不是一個人就能談得來的。有些男性會一廂情願的，將滿腔的熱情（慾望）強加在女性身上。一般而言，女性會對這樣的男性感到厭煩。即使你很喜歡對方，也應該考慮對方的想法，再談進一步的交往。

你是一個重視自然感情更甚於氣氛的人。精力十分旺盛，對性非常有興趣，所以可能會講求各式各樣的技巧。

男 射手座 婚姻

你對婚姻非常熱情，但一被拒絕，缺乏耐力的你就會乾脆的死了這條心。雖然戀愛經驗豐富，有些人卻始終無法結婚，這是因爲害怕會被婚姻綁住的緣故。

有包容力，但自信稍微過剩了。你認爲只要你喜歡對方，對方也一定會喜歡自己。最好不要有這種獨裁型的思考，以及獨斷的行動。

關於兩人的未來，想法非常樂觀，總是認爲「該是怎麼樣，就會怎麼樣」。你絕不會因爲未來而犧牲現在，會充分享受眼前的夫妻生活。蜜月旅行最好選擇泰國、墨西哥等具有神秘氣息的國家。

女 O血型 魔羯座

12月22日～1月20日

與B型的水瓶座或雙子座的男性相合性佳

Capricornus

女 魔羯座 性格

很明確的掌握自己，當有需要時絕不猶豫，能夠立刻下決斷，因此，討厭馬馬虎虎的人。

具有現實思考力，對社會現象相當關心，具有匡正錯誤的正義感。

對自己充滿自信，所以不太採納他人的意見，也不容許自己的意見受到扭曲。這種強悍的態度，有時在別人眼中看來傲慢。與其受限於他人的想法，不如依照自我的步調，踏實的走在人生的旅途上，才能擁有輝煌的人生。

女 魔羯座 人際關係

會對周圍的人表示關心，如果他人對自己有恩，一定會加倍以報，屬於情意深厚的人。

不會說恭維的客氣話，而是發自內心的眞心話。暢所欲言的妳，有時不小心話太多，會讓人覺得妳是一個囉唆的女人。妳也許沒有什麼耐性，和他人交往一陣子後，就會慢慢疏遠了。

重視朋友，不論別人拜託什麼事，妳都無法拒絕，因此，朋友有事都會找妳商量。

女 魔羯座 工作

思考能力佳，是憑直覺而行動的人，不會周詳計劃後才行動。

能夠透視權力，所以能立於人之上。

在組織當中具有責任感、忍耐力及務實的態度，深受上司的信賴。

認眞投入一件事物的神情是最迷人的。不管女性或男性，只有用心投入工作，才是大家所期望的。

但太過認眞，有時會使壓力積壓在體內，必須適度的放鬆。

與大自然相關的工作，或許能使妳的內心較不感到壓力。

女 魔羯座 金錢

能妥善運用金錢。雖然賺不了大錢，但相對的也沒有大的支出。

從小就對金錢很有概念，有些人甚至有每天記帳的習慣。

婚後也有記帳的好習慣，能充分掌握家中的經濟狀況。

女 魔羯座

戀愛

只要兩人在一起，就能使妳感到完全放鬆。雖然妳表現得並不積極，但身邊總不乏男性朋友。

雖然不會積極營造氣氛，但出乎意料的，有很多男性都很欣賞妳。如果妳對男性的舉動稍微敏感一點，妳的戀愛經驗將會很豐富。

妳希望在大自然裡享受愛情，大多是感受性豐富的人。不只是態度，用語言來創造氣氛也非常重要。

妳喜歡輕鬆的性愛，排斥粗魯的動作。也很重視做完愛的後戲。

女 魔羯座

婚姻

妳具有生活力，能踏實的築起快樂家庭，絕不會吝惜於努力的。

協助丈夫，也不忘陪小孩，是個標準的「好太太」。爲家人付出，讓家人感到快樂的同時，妳自己也感受到喜悅。

具有母性本能，光是在一旁看著丈夫和孩子，就能使妳感到幸福。妳不喜歡變化的冒險，喜歡安定的秩序。

對於婚姻，妳非常的謹慎，因此很可能會晚婚。但不要著急，與其匆忙結婚，不如踏實的找一個眞正和自己合得來的男性。除了具備幽默感之外，重視妳也是非常重要的條件。

男 O血型 魔羯座

12月22日～1月20日

與A型的水瓶座或雙子座的女性相合性佳

Capricornus

男 魔羯座 性格

不喜歡說話，是富於行動力的人。有野心，雖未表現出來，但會以踏實的行動來實現它。一旦決定一件事，就會很有耐力的實踐到底，絕不會半途而廢。從這層意義上看來，你也有著固執的一面。

對你而言，追求理想不如重視現實，多半生性保守，禁不起秩序或權威的挑戰。不太會有冒險性的行動，非常重視安全，行事小心謹慎。

男 魔羯座 人際關係

非常重視人際關係，現代的年輕人以輕佻浮躁居多，你的存在實在是很難得。

多半屬於穩重、重視義理、人情世故的大哥型，所以很容易有年輕人聚集在你身邊。如果是在外租屋而居，你的住處一定常常是朋友的聚集地。

此外，你的個性非常認眞、嚴謹而樸實，所以贏得長輩的好感。而從這些前輩當中，你也能找到指引人生的良師。

在年輕時和什麼樣的人來往，對你的人生將有很大的影響。

男 魔羯座 工作

擁有一個目標，就會專心投入，如果你工作的目的只是爲了賺錢，那麼你一定會後悔的。一定要選擇你有興趣、能讓你快樂的工作，才能踏實的進步。

意志非常堅強、有精神力，能夠突破重圍達成目標。年輕時就會立於衆人之上，發揮你領導者的才能。最好選擇你能全權負責的工作，哪怕是小事情也好。經常保有向上心，如此可使大家的眼光爲之一亮。

個性冷靜、沈著，就像法官一樣，因此，在法律界你也能擁有一片天地。此外，對於社會的關心度強，野心也夠，所以也適合從政。

男 魔羯座 金錢

你是一個懂得不花錢也能快樂的人。雖然不富有，但你並不會追逐用錢堆出來的快樂，懂得追求精神上的滿足。

約會時，你寧願到公園散散步、聊聊天，而不願看電影、喝咖啡，是不花錢就能得到滿足的人。在物質充斥的時代裡，這種特質更是難得。

男 魔羯座 戀愛

遇到自己心儀的對象時，你會積極表現自己的心意。就算平時不多話的人，此時也會變得熱絡，不斷表現自己。充滿自信的你，會一股腦兒的，將自己的一切都說給對方聽。

你也有自私的一面，猜忌心很重。經常擺出男性的威嚴，因此常對女性有粗魯的言詞出現，以顯現自己的偉大。

談戀愛講究的是平等關係，如果太執著於表現自己，事情將會進展得不順利。

你的慾望比想像中還要強，甚至會黏著對方不放，請你也注意女性的感受。

男 魔羯座 婚姻

講求獨身主義，但也是值得依賴的男性，能夠讓女性十分安心。由於對婚姻謹慎，通常較晚婚。

你絕不會和妻子以外的女性出遊，或有外遇的念頭。你屬於顧家型的男人，下班後會立刻回家陪伴家人。

重視規律的生活，會選擇有固定收入的工作，因此生活非常安定。

你在選擇另一半時，最好考慮和你一樣會乖乖待在家照顧孩子、整理家務的女性，而不是老愛向外跑的人。相愛之餘，培育出共同的世界，會使婚姻生活更快樂。

女 O血型 水瓶座

1月21日～2月18日

與B型的巨蟹座或雙魚座的男性相合性佳

Aquarius

女 水瓶座 性格

有清楚的自我主張，頭腦非常好，容易被美好的事物所感動，會和許多人建立起良好的友誼。外向、具有朝氣，個性乾脆，卻也有自身價值觀不容扭曲之固執的一面。

非常喜歡自由，不拘泥於形式或社會的觀念。只要覺得自己是正確的，就會積極的往自己喜歡的目標前進。

很有個性，但也有纖細的思維。即使有小小摩擦，也會以此爲跳板，向上更邁進一步。

女 水瓶座 人際關係

重視和任何人的交往，不喜歡黏膩的關係，嚮往清楚的關係。很討厭說朋友壞話，非常重視眞心的和朋友交往。

如果有不愉快的摩擦，你不會拐彎抹角，會坦白的告訴對方。以致時常招致怨言，但這也是沒辦法的事情。

因爲非常重視朋友，因此，有很多人會找妳商量事情。

女 水瓶座 工作

嚮往大自然，有不少人對記憶植物名稱很在行。妳的內心溫柔，對人慈悲，很適合從事與社會福利相關的工作。

在超高齡化的社會裡，除了照顧家中的老年人，最好也能走出家庭，透視全世界。

此外，不只高齡者，對於「殘障者」等社會弱勢團體，也應給予溫柔的支持。

與其選擇賺錢的行業，不如選擇能爲人服務的工作，比較適合妳。最好從事護士、保母、社會義工等對社會有意義的工作。此外，妳的藝術天份頗高，能充分向自己的才能挑戰。

女 水瓶座 金錢

妳對金錢總是大而化之，不會錙銖必較，並不會孜孜不倦的儲存將來的準備金。

但一旦有了明確的目標，妳就有本事在短期間籌措需要的金錢。

妳也是喜歡學習才藝的人，不要吝惜於這些啓發自我的花費。

女 水瓶座 戀愛

有共同的興趣、嗜好，就像是朋友一般的愛情。喜歡芭蕾舞、音樂劇的人，如果有男性願意陪自己去觀賞，不知不覺中就會轉變成戀人的關係。

妳一旦愛上對方，就會全心全意的付出，哪怕對方是社會上的弱勢者或已婚，都不會在意周圍人的眼光。

不論發生何事，妳都會堅守這份愛情到最後。哪怕是對方發生車禍、半身不遂，妳也會永遠愛對方。

性愛方面，妳很討厭黏黏膩膩的性愛，喜歡爽快的關係。妳很喜歡在大太陽下親吻的感覺。

女 水瓶座 婚姻

獨立心強，多半在婚後仍會持續工作，即使有了小孩也不會辭職，會在家庭和工作找出平衡點。所以妳的另一半，最好是能瞭解並體諒這種生活方式的人。

一旦決定結婚對象，在決定「如何舉行婚禮」的時候，妳就可以眞正認清對方了。也許口頭上互相尊重，但一提到婚禮，會因雙親或大環境的關係，而無法依照自己理想中的方式舉行。這時對方採取何種態度呢？妳大約可以看出婚後的相處模式了。

妳期望和另一半是心靈相通的關係，如果有共同興趣則更好。

男

O血型 水瓶座

1月21日～2月18日

與A型的巨蟹座或雙魚座的女性相合性佳

Aquarius

男 水瓶座 性格

你那沈著、不動如山的安定感。非常優秀，屬於開朗的樂天派。充滿魅力，具有領導者的風範。

頑固的向自己堅信的道路邁進，因此有時會和周圍發生衝突。其實，並不需要事事都和他人配合，這樣只會使你無法盡情發揮罷了！唯有超越對立和否定，你的未來才是光明的。

但也別忘了，要擁有寬大的氣度，及多多體貼他人的心情。

男 水瓶座 人際關係

不希望有身份差異、上下之分的交往，嚮往平等的關係。因爲希望和任何人都有平等的接觸，所以你和自尊心高或具有權威的人合不來。

一味追求自己的路，不會勉強自己和志趣不合的人交往。年輕時也許不受上司或前輩的喜愛，但由於你是大哥型的人物，深受同輩的信賴，所以會有很多人聚集在你的周圍。因爲愛照顧別人，又願意聽別人說話，有很多人會來找你商量事情。朋友就是你這一生最大的財富。

男 水瓶座 工作

最好是以自己爲中心的工作，受人驅使或侷限於某種類型的工作，只會扼殺你難得的獨創才能。自己的道路，必須由自己開拓，才能閃耀光輝。若依賴他人，就一點也不會進步了。

就算是在公司裡，你很早就能擔任管理的職務。做起事來衝勁十足，因此也有不少人選擇開創自己的事業。此外，你也有包容力，能將心比心的傾聽他人說話，所以適合擔任諮商人員或社會福利工作者，類似的如算命師也不錯。

你也適合進步、革新的方向，因此，當發明家或技術層次的研究者也不錯。

男 水瓶座 金錢

非常瞭解金錢的重要性，但不會被金錢所左右。沒錢有沒錢的生活方式，絕不會因此向他人借錢，造成別人的困擾。

雖然你缺乏踏實性，但絕不可能有金錢上的困擾。生活力旺盛，會努力賺錢，並有效使用金錢。

男 水瓶座 戀愛

你會率直的表現出自己的情感，掌握女性的心。會選擇相合性佳，並且談得來的女性。因爲主張男女平等的愛情，所以你和有主見的女性很談得來。

你們從社會、政治，到藝術、文學的話題，享受在知性的世界中。

即使不見面，透過文字或電子郵件的交往，也會使你們的愛情萌芽。你最擅長打電話，只要是喜歡的人，連續聊上幾小時也不累。

就像和任何人都能打招呼一般，你和任何人都能有性愛接觸。一向乾脆的你，辦完事就立刻換衣服，準備走人。這麼做似乎有點無情，如果再浪漫一點會更好！

男 水瓶座 婚姻

值得依賴，能經營安定的家庭生活，心靈相通的溫暖家庭是最理想的。

戀愛歸戀愛，若要選擇結婚對象，最好選擇價值觀相同的人，就如同好朋友一般的感覺。結婚和談戀愛不同，需要長期生活在一起。所以外表、性格都遠不及價值觀來得重要。

如果想法不同，在各方面都會無法配合。尤其是小孩子的教育方針，光是靠言語的溝通是無法修正的。最糟糕的下場，就只有離婚一途，因此，雙方在婚前都應該考慮清楚！

女

O血型 雙魚座

2月19日～3月20日

與B型的天秤座或水瓶座的男性相合性佳

Pisces

女 雙魚座 性格

容易對他人感情產生共鳴。只要看見別人有困難，就無法放任不管，總是想爲對方做些什麼，妳就是這麼體貼的人。妳具有柔軟的思考，適應能力也很不錯，會不厭其煩的持續支援對方。

妳的感受性敏銳、生性浪漫，但不會只做白日夢，而會化成實際的行動。妳的行動自由奔放，看起來收也收不回，但妳自有分寸，所以依照自己的步調行動非常重要。

女 雙魚座 人際關係

妳無法拒絕別人的請求，所以會有很多朋友。別人有事都會來找妳商量，妳也會像大姊姊一樣傾聽，會說出眞心話，因而容易獲得他人的信賴。

即使犧牲自我，妳也會幫助他人。但若超出自己能力範圍，只會使自己精疲力盡而已。

溫柔的性格很重要，但太過溫柔反而會傷害自己，一旦自己受傷，對方心裡也不會好過。所以，凡事都要適可而止才好！

女雙魚座　工作

能以寬大的心情來瞭解別人的傷痛，與其從事彼此競爭的工作，不如從事能互相體貼、互相幫助的工作。

妳能隨機應變的處理事物，因此能活躍於社會。像市議員等，這些很難與妳聯想在一塊的工作，卻滿適合妳的。

有關職業，不要受既成價值觀所侷限，只要稍微改變觀點，妳將會有更廣闊的視野。尤其年輕人往往不知道什麼職業適合自己，所以有許多人會感到迷惘。此時，聆聽年長者的意見就變得非常重要。他們有比年輕人多一層的歷練，對事物會有多元且較正確判斷。

女雙魚座　金錢

屬於想花就花的類型，但必須要時時提醒自己儲蓄。尤其是年輕時，花錢毫無計劃，有浪費的傾向，不妨考慮投資一些理財的工具。

爲了將來打算而儲蓄是一件好事，但若因此變得吝嗇的話，就有些矯枉過正了。

女 雙魚座 戀愛

對愛無私的奉獻，就像母親一樣。不是一見鍾情的類型，而是屬於從朋友慢慢培養成戀人的人。

不拘泥於形式，渴望成熟的愛情。和遊樂場相比，妳寧願在大自然享受寧靜的氣氛，互換音樂或文學的心得。

妳不會主動表達自己的心意，會等待對方的表現。妳必須花很長一段時間，才能和對方走到愛情的階段。

妳禁不起羅曼蒂克的氣氛，是浪漫取向的人。不如花點錢選擇氣氛浪漫的旅館，會比在雙方的家中要好。

女 雙魚座 婚姻

姻緣來得特別遲，始終無法結婚。周圍的親友都為妳感到著急，反倒是妳自己並不在意。

具有充分的生活力，一個人也能過得很好。如果因為周圍的人都結婚，所以也急忙結婚，對自己並不是一件好事。

也許妳會屈服在男性的猛烈攻勢下，早早步上紅毯。但這種不夠堅固的感情，將會使妳的婚姻生活過得不順利。

要慎選將來共度一生的伴侶，必須考慮到對方的收入、未來發展性，或兩人是否能組成快樂的家庭等要素，經充分溝通後才能結婚。

男 O血型 雙魚座

2月19日～3月20日

與A型的天秤座或水瓶座的女性相合性佳

男 雙魚座 性格

能推敲他人心情，具有人情味，多半是氣度寬大的人。大而化之的性格，能讓周圍的人感到安心。

能夠柔軟的應對，寬大的接受各種事物。生性乾脆，討厭囉囉嗦嗦的個性。

擁有自己的信念與偉大的夢想，但這並不只是單純的作作夢而已，而是一定會實現的。應該培養向上心與適應力，並不斷求取進步。

一旦遇到挫折，就有爬不起來的可能，所以需要格外的慎重。

男 雙魚座 人際關係

非常重視朋友關係，而且不會有上下、性別的區分。因爲喜歡這種沒有區分的人際關係，所以重視學生時代、志同道合的朋友，更甚於在公司裡有利害關係的朋友。

也許在公司同事與上司眼中，你是個「不好相處的傢伙」，但你認爲五點下班後的時間就是你自己的，所以，也不會太在意他人的閒言閒語。

因爲喜歡照顧別人的，所以只要在工作上表現良好，在公司裡也可以創造出不錯的人際關係。

男 雙魚座 工作

工作時精力充沛，但並不會孜孜不倦的工作，會依自己的步調行事。你多少有點容易厭煩的傾向，只要能改進，生活還是可以過得很充實的。

不只是現實面，你還具備直覺、想像方面的才能。所以你能在藝術界、宗教界中有所表現。提高精神性之後，也有人往心靈世界出發。

此外，做一個需使用靈巧雙手的廚師也不錯，也有人以陶藝家爲目標。如果你能發揮體貼他人的心，也可以考慮從事醫療、社會福利相關的工作。

你能活躍於非常寬廣的領域，應該試著找出適合自己性格的工作。

男 雙魚座 金錢

你認爲錢財乃身外之物，不必汲汲追求，只要夠用就好了。

但如果沈迷於賭博，就會一心求勝，

只會越陷越深，要特別注意。如果偶爾贏錢，千萬不要再度投入，而應該將贏來的錢，購買些紀念品。

男 雙魚座 戀愛

並不擅長追求女性，但具備包容力，且對人又溫柔，所以你的戀情進展得也很順利。

另一方面，你是個很不會表現的人，所以沒有一個正當的開始原因，你是無法交到女朋友的。在這樣的情況之下，你就需要透過朋友的介紹，或先和朋友一同出遊，再進行單獨的交往。

只要有了開端，就會大膽表現自己，勇敢的往前衝，而且會相當滿足於其中，在寧靜裡享受甜蜜的熱情。

基本上，你是個很溫柔的人，不會做出一些讓女性反感的性愛。此外，具有服務熱忱的你，不論對方希望什麼，你都能盡力滿足她。

男 雙魚座 婚姻

期待理想的婚姻，但姻緣卻總與你擦肩而過。也有許多疏忽大意的人，因爲沒有結婚的念頭，常發生心愛的人結婚了，新郎卻不是你的窘境。你那優柔寡斷的個性，會使你的婚期較晚。

一般而言，婚姻大事非比兒戲，不可草率決定。但把握時機卻是關鍵，要下決斷時，直覺是很重要的。

安定的婚姻生活是幸福的根本條件，不要追求冒險的工作，或富變化的挑戰，這些應該早在婚前就結束的。

即使在婚前沒有嘗試過什麼冒險的工作，婚後的你，仍是一個值得依賴的好父親、好丈夫。

第五章

AB血型的十二星座

女

AB血型

白羊座

3月21日～4月20日

與A型的金牛座或處女座的男性相合性佳

Aries

女 白羊座 性格

具有冷靜、狂熱的一面，具有積極的行動力。屬於會邊行動，邊思考的類型。

大部分的人都很有自己的想法，獨立心非常旺盛，但往往不會考慮到對方的立場。妳希望非常受人注目，所以會在他人面前做出令人訝異的舉動。

有時會造成他人的困擾，因此在行動之前，就應該想想後果，三思而後行。

女 白羊座 人際關係

雖然自己的立場明確，卻無法將自己的想法傳達給對方，所以有時很難交到朋友。妳屬於開放型，個性乾脆、爽朗，只要稍微壓抑一下妳的銳氣和傲氣，就能和大家處得很好。

妳有些時候會很衝動、興奮、具有攻

擊性，但如果妳就這麼脫口而出，事後一定會後悔的。

需要時時提醒自己保持冷靜的狀態，使激動的情緒冷卻下來，這樣必會使妳的人緣更好。

女 白羊座 工作

妳很重視直覺，不適合死板的工作。妳適合從事設計或攝影等工作，使自己的感性獲得發揮。

即使勉強當個普通上班族，也不會持久的。有人會以留學爲目標，有人則希望開一家小小的店。

妳受不了一直埋頭苦幹，妳希望能不斷的行動，所以並不適合安定的工作。

做起事來非常俐落，但也有慌張的一面，注意避免在工作上出錯。

尤其是年輕時容易衝動，應該多和一些值得信賴的前輩接觸，聽聽他們的忠告。

女 白羊座 金錢

會將錢用來買自己喜歡的東西，因此存不了什麼錢。只要是妳有興趣的事物，花錢就變得很大方。

很多人對於旅行、學習語言都很有興趣。有的人一出國就大採購，把錢花光光，還覺得這樣沒啥不好。

妳在用錢方面很大方，但是多少儲蓄一點也不壞啊！

女 白羊座 戀愛

妳是很容易迷戀一個人，但妳不會考慮到對方，是自己愛怎麼做、就怎麼做，往往會為戀情帶來麻煩。

愛情並非獨自一人就能完成的，必須要兩人同心協力，因此，應該要一起向戀愛挑戰！

希望在戀人面前表現出最好的一面，雖然每個人都希望，但妳這種傾向特別強。然而事與願違，對方往往忽視妳的優點。試著表現出率眞的自己，反而會使戀情開花結果也說不定。

對性愛的要求是質重於量。妳的感受度很高，在男性眼中是充滿魅力的女性。

女 白羊座 婚姻

任性、不喜歡聽別人意見，所以妳的另一半必須非常有包容力及耐心。

妳的個性較急，但婚姻是急不來的，千萬不要閃電結婚，否則將來一定會後悔！

即使結了婚，妳也不會一直待在家。妳期待各式各樣的變化，如果總是待在家裡，將會使妳感到很無趣。

不過有了孩子以後，妳也會為孩子著想，暫時將工作辭掉，專心在家帶孩子。

究竟應該以家庭為重？還是公事為重？相信，妳絕不會為這種事情煩惱的！

男 AB血型 白羊座

3月21日～4月20日

男 白羊座 性格

具有乾脆爽快的一面，也有激情的一面，是雙面性的人。

你會非常執著於自己深信的事，不會輕易改變立場。不過自信過剩，有時候是會引起別人的反感的。

你也有優雅的一面。積極的性格受人喜歡，相反的也會受人討厭。千萬不要因為興奮過度，就任意攻擊他人。缺乏謹慎與耐力，最好再稍微沈著一點。

與B型的處女座或金牛座的女性相合性佳

Aries

男 白羊座 人際關係

你是個社交家，認識的人非常多。由於你交友謹慎，所以真正深交的朋友沒有幾個。

雖然好友不多，但當你有了困難，他們都是能讓你依賴的人。朋友不在多，只要有幾個知心的好友就夠了。

你很容易和他人起爭執，甚至常常是不動口、先動手，往往會爲一點小事而失去重要的人，實在有必要控制自己的脾氣。

男 白羊座　工作

在衝刺事業的時候，你會做得很好。但當你到了守成的階段，就可能會半途而廢了。你能夠配合工作內容，或藉著不斷擴充事業版圖，而度過驚濤駭浪。但當你的業績稍微滑落，你的意志就會一直消沈下去。

你應該好好鼓舞自己，經常向困難挑戰，特別要常常加強你的勇氣。

你很適合思考嶄新的企劃案，因此適合從事宣傳、廣告等工作。

與其對一件事非常投入，倒不如配合自己的興趣，找一些比較具有行動力的工作。

想立於他人之上的慾望非常強，因此也有許多人獨立創業。

男 白羊座　金錢

對金錢沒什麼概念，但也不會爲其所困擾。在創業初期，有的人會向外借貸，但應該盡量避免。

你不會計劃金錢，不懂如何將薪水分爲生活、遊玩等基金。有時會過度花費在玩樂上頭，最後連電話費也繳不出來。

男 白羊座 **戀愛**

不在乎於對方的年齡?結婚了沒?國籍……等,具有寬容的一面。

你也很公平,對每個人都很好。但反過來看,你對待每個異性都像是女朋友一樣。

你希望依照自己的想法來掌握對方,很擅長說些甜言蜜語,這也是你最厲害的地方。會巧妙的掌握女孩子的心理,使對方喜歡上自己。但等到對方投入時,你又會殘酷的拋棄她。

一般而言,大部分的人都將戀愛與結婚視爲兩碼子事。

在性愛方面,你非常乾脆,卻又有容易煩膩的一面。因此,你無法總是和同一位女性在一起,常常會換對象。

男 白羊座 **婚姻**

你的家庭意識十分淡薄,但又希望保有一家之主的權威。你認爲女友和妻子是不一樣的,所以在考慮結婚對象時,你會傾向選擇較顧家的「母親」型。

也有男性會在婚後和其他女性交往,但既然結了婚,就不應該再有這種想法!

一向主張「只要自己好就好」,但在不知不覺中,或許會陷於沒人要的危險!

早點生孩子較好,喜歡孩子的你,有了孩子之後,會發揮與生俱來的領導性,變得十分重視家庭。

女 AB血型 金牛座

4月21日～5月21日

與A型的白羊座或射手座的男性相合性佳

Taurus

女 金牛座 性格

優雅、愛作夢，屬於文靜的女性。對流行非常敏感，喜歡美的事物。另一方面有現實感，有很好的生活感覺。

擁有自己的信念，不會受周圍狀況所左右，因而讓人覺得妳缺乏協調性。

在變化少、安定的狀況中可以充分發揮妳的能力。但要注意，不要太過懶散或生活不規律。

女 金牛座 人際關係

妳有點怕生，所以和初次見面者無法輕鬆的交談。

妳並不擅長交朋友，從某種意義上看來，也許妳比較喜歡孤獨。

妳害怕別人深入自己的內心世界，因此，妳反而喜歡現代人這種帶點距離的關係。

經常和對方保持距離，可以減少糾紛的發生，即所謂的「發乎情、止於禮」。

女 金牛座 工作

決定工作進度後，就會按著計劃表有效率的執行。

只要脫離一個架構，就會不知道該怎麼辦，因而慌張，鑄下錯誤。瞭解自己這種弱點之後，不論做什麼事都應該要小心。

與其在一般職場工作，不如選擇像畫廊這種安靜的工作場所，會比較適合妳。

與其選擇非常忙碌的職場、追求流行的工作，倒不如選擇腳踏實地、長久實行的工作。

妳也有纖細的一面，如果太投入工作，可能會因工作過度而影響健康。

女 金牛座 金錢

能夠有計劃性的使用金錢。就算是獨自生活，也具有生活力。非常踏實，能確實儲蓄。很多人存結婚基金及購屋基金，會爲將來作準備。

一旦有壓力，妳就有大吃特吃的傾向，需要留意這種額外的消費。

女 金牛座 戀愛

乍看之下非常溫順，好像來者不拒。但必要時，就會一百八十度大轉變。

稍微膽小的妳，很害怕表現出眞正的自己。想要看穿對方，結果卻只會傷害對方。

最重要的是要改變妳這種畏首畏尾的個性，如此才能得到眞正的愛情。希望和某個人相守到老的妳，只會和「他」有親密關係。

如果妳不打算和對方結婚，是不會和他有進一步的關係的。

妳對性愛的態度較淡薄，不會積極追求，而會等待對方的誘惑。

女 金牛座 婚姻

妳對結婚的態度較爲消極。雖然是自己的事，但卻遲遲無法下決定，往往就這樣使大好機會溜走了。

結婚有時也需要一鼓作氣，有時也要憑直覺。

以前，只要有朋友離婚，周圍的人立刻會抱以怪異的眼光。現在時代不同了，大家對離婚也就習以爲常。因此妳在思考結婚的問題時，無須太過於愼重。

婚後能創造出溫暖的家庭。妳除了理財觀念非常踏實，更會一手包辦所有家事。

總而言之，在男性的引導下，妳的婚姻生活將會非常幸福美滿。

男 AB血型 金牛座

4月21日～5月21日

與B型的白羊座或射手座的女性相合性佳

Taurus

男 金牛座 性格

給人的印象優閒，頭腦也轉得很快。也許在別人的眼中，你有冷淡的一面，也有不機靈的一面，但這也正是你的魅力所在。

換句話說，當兩種相反的特性同時會合在一處時，就會在核心充分的調和。

雖然你希望安定、希望靜止不動，但有時你也會一躍而出。基本上，你是非常踏實的，但有時亦有驚人之舉。

想要放縱自己時，不要勉強壓抑，乾脆就出去好好地玩一場，不要讓壓力留在心裡。

男 金牛座 人際關係

你喜歡淡如水的君子之交，彼此的關係最好乾乾脆脆，免得造成心理負擔。

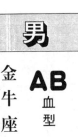

冷淡是你的信條，你並不想要深入對方的內心。雖然你並不圓滑，也不會說些奉承話，而是誠懇的和對方相處，其實這樣也就足夠。

你不會逢迎巴結對方，而會頑固的走在自己堅信的道路上，有時也會因此樹立敵人。

男 金牛座　工作

你的工作能力很強，但有爲了工作，而忽略其他事情的傾向。

工作就是工作，私事就是私事，你必須要區分得很清楚。

你的忍耐力很強，凡事謹慎、踏實，所以深獲上司賞識，也贏得客戶的信賴。

擁有事業方面的才能，不會有不切實際的念頭，踏實的一步步往前進，所以失敗機率較小。此外，將各種想法活用在工作當中，是你的優點之一。

具有美感，大部分的人喜歡安定沈著的氣氛。好比與烹飪有關的工作，法國料理就比中華料理更適合你！

男 金牛座　金錢

金錢觀念發達，能理性的思考事物。懂得劃分目的，仔細管理金錢。即使不是管理得十分精密，但花錢時你也會再三考慮。

你不是一個隨便揮霍金錢後才來後悔的人。

男 金牛座 戀愛

不喜歡糊塗、隨便的女孩子，而欣賞踏實、穩重的女性。你會和這樣的女性發展羅曼蒂克的戀情。

你對追求女性頗爲消極，並不會主動表現自己。如果對方沒有察覺出來，更缺乏積極主動的話，你們是無法發展成戀人的關係的。

有時候不妨大膽發出愛的表白，女性正在等待你的行動呢！

你基本上很乾脆，但在性愛方面，就有一點「囉唆」了。性愛本來就是雙方的互動，有時候會因爲不同的對手，而感到無法滿足。

男 金牛座 婚姻

你只會選擇一個人，一輩子愛著她，你屬於這種「忠心」的男人，因此，婚後非常重視妻子。很多男性都是抱持著「已經上鉤的魚，不必再餵牠餌吃了」的心態，但這完全不適用在你身上，你對妻子比對女友還要好。

無風無浪的安定生活是最理想的，你們應該可以築起平淡的婚姻生活。

優柔寡斷的個性，令你遲遲無法做出決定。建議你透過相親來結婚吧！你是屬於遲鈍型的人，只要別人不催，就不會積極於終身大事，因而常常讓大好的機會溜掉了。也許你單身的日子還長著呢！

女 AB血型 雙子座

5月22日～6月21日

與A型的巨蟹座或天蠍座的男性相合性佳

Gemini

女 雙子座 性格

具有知性，但也有易受感情左右的一面。原先看妳還在靜靜的思考，忽然有突發性的舉動，妳就是具有這種雙重性。

具有社交性，思考現代化，是現代型的才女。懂得從雜誌中獲取最新的情報，並運用自己的智慧走在流行尖端，知性的探求慾非常旺盛。雖然妳是個慌張的人，但在行動之前，卻異常的沈著。

因爲妳有情緒不安定的一面，所以會有壓力積存在心裡的情形，這樣不太好，勸妳平日多吃一些清淡的食物。

女 雙子座 人際關係

瀰漫著一股神秘的氣息，讓人覺得有點冷酷、不易親近。但在交往之後，卻可以發現妳其實非常活潑、開朗，而且談吐幽默，讓人快樂，所以妳的朋友也不少。

但妳有時會過度講理，拚命想要說服別人，讓人有種「女人就是這麼囉唆」的感覺，因此對妳敬而遠之。

如果妳想到什麼就說什麼，完全不經大腦思考，則容易造成周圍人的不愉快，所以需要特別注意。

談話時要多說些令人愉快的話題。

女 雙子座 工作

妳適合從事需要思考，在創意方面下工夫的獨創性工作。妳的美感很敏銳，所以適合流行或造型設計等工作。

妳有經常追求變化的傾向，無法經常待在同一個工作場所裡。進入一般公司，會因爲朝九晚五的生活而感到痛苦。

和在公司上班相比，妳寧願從事與人接觸的工作。與其長期待在一家公司，不如盡可能嘗試各種職業，找出自己眞正喜歡的工作。也有些人除了在公司上班，還另外從事副業，擴展自己的可能性。

女 雙子座 金錢

並沒有持續存錢的工夫，會隨狀況而機動的調整。很有賺錢的才能，因此，在金錢上不會有什麼困擾。

爲了學習語言，或取得各種證照，妳很捨得花錢補習。換句話說，妳會爲了將來而投資。對妳而言，與其年輕時思考該如何儲蓄，倒不如有效的使用金錢！

女 雙子座 戀愛

有時候，妳會無端的寂寞起來，但妳並不會選擇對象而「談戀愛」。妳會像少女一樣，不會考慮對方，只在意自己的感受，但這樣下去，很快就會被對方甩了。

失戀經驗多的人，應該檢討自己。不要只是一味地想到自己，也應該爲對方設想。還有一點很重要，千萬不要光用頭腦思考，而要用身體去實行。具有知性的妳，有時將事情都想得太複雜了，結果就變成天馬行空。

應該要將自己眞正的心意表明出來，如果是妳無法接受的愛情，就很乾脆的拒絕吧！反正男人多得像數不清的星星。

女 雙子座 婚姻

希望夫妻間的關係能保持一定的距離，有著平等的地位，最好是像朋友一樣的婚姻。結婚之後，妳當然還會持續的工作，但是並不會將全部精力投注在工作上，而會試著在工作及家庭間求得兩全。

如果凡事只想到自己，不考慮對方的處境，一定會影響到你們的感情。妳應該稍微培養一些壓抑自己的智慧，這樣才會使漫長的人生過得更幸福。

有時候，不妨扮演天眞無邪的可愛小女人來取悅丈夫。時時露出開朗的笑容，會使家庭更幸福！因爲狀況的不同，有時也需要爲了家庭而犧牲工作。

男 AB血型 雙子座

5月22日～6月21日

與B型的巨蟹座或天蠍座的女性相合性佳

Gemini

男 雙子座 性格

機靈、反應快，具有知性與好奇心，屬於大都市型的時髦男性。

對流行十分敏感，非常在意服裝及流行訊息，是屬於花花公子類型。

只不過，有時過於神經質，缺少穩重，而且個性容易煩膩，無法從一而終。

最重要的，你也具有優柔寡斷的一面，缺乏決斷力，容易受周圍環境所左右，因此要努力培養你的意志力。

男 雙子座 人際關係

好像有很多朋友，但都只是點頭之交而已，你並不喜歡太親密的關係。你有屬於城市的洗練性，很討厭鄉村般的交往。

也有乾脆的一面，所以有時在朋友眼中，你看起來是「冷淡的傢伙」。

本來一無表情就是你的特徵，所以你也不會在意。

你對女性也那麼冷淡嗎？並非如此。雖然有些冷淡，但也不是都不說話，反而具備都市人洗練的交談方式。

男 雙子座 工作

具有纖細的思想和企畫能力，能夠從事嶄新的創意工作。

但你在才氣洋溢之餘，往往會忽略周圍人的意見，只顧著獨自往前衝，所以不適合團體性的工作。

與平凡的工作相比，你比較適合充滿變化、刺激、令人興奮的工作。

資訊或傳播等工作，是「分秒必爭」的世界，也許很適合你。

在找到最適合的工作之前，你有在各個領域嘗試的機會，不要害怕失敗！

男 雙子座 金錢

對任何事情都有乾脆的一面，對金錢也是一樣，你幾乎沒有什麼執著心。有錢就用，但也不愁沒錢花，所以你也不是個會積極存錢的人。

你會將錢花在買車或日用品上面，但若能將錢花在知性的用途上面，你的工作運將會更提升。

男 雙子座 戀愛

你對女性有忽冷忽熱的一面。喜歡對

方，就每天通電話；但當你覺得厭煩時，翻臉就跟翻書一樣，會立刻疏遠她。

你也有乾脆的一面。只要氣氛不對，即使約會到一半，你也會中途離席。

如果對方對你沒意思，你也不會一味的黏著她，會再找其他對象。你就是這麼善變的人。

你是快樂享受戀愛的類型，大部分的人都不會想到結婚。如果女性有結婚的念頭，你也許就會躲起來了。

在性愛方面，缺乏持久力的人，可以努力製造氣氛。希望和各種女性發生關係的你，認爲性跟愛是不同的。

男 雙子座　婚姻

很少是自己想要結婚的，總是不斷談戀愛，甚至有人根本就抱持獨身主義。

並不是沒人想嫁給你，而是你認爲婚後就會被限制住，無法享受和女性在一起的快樂。

這種類型的男性，最好不要經由戀愛而結婚，如果是相親或透過婚姻介紹所而結婚會比較好。因爲這對於認爲愛情和婚姻不同的人而言，很簡單就能夠交往。

年輕時不要勉強自己結婚，到了一定年紀之後，眞正想要結婚再做也不遲。與其婚後花心到處拈花惹草，倒不如婚前玩個夠！

女

AB血型

巨蟹座

6月22日～7月22日

與A型的水瓶座
或雙子座的男性
相合性佳

Cancer

女 巨蟹座 性格

頭腦轉得快，具有瞬間看穿對方心意的能力。因爲觀察對方很仔細，所以感情起伏也很激烈，具有令人難以捉摸的一面。不管什麼事情，妳總是感情優先於理性。

也許先前還非常活潑，但轉眼就靜下來了，妳就是擁有這種雙重性。

擁有女性的溫柔，很會照顧喜歡的對象，因此很值得依賴。

女 巨蟹座 人際關係

會與互相瞭解的人親密交往，但是會與一般人保持距離。感受性非常敏銳，因此，多少會傷害到人際關係。

個性沈靜、會自我反省，常爲人際關係而煩惱。但若太過煩惱，負面的個性就會顯現出來。看到不認識的人，反應會比較激烈，所以要適度轉換自己的心境。

如果能顯現出善於照顧人的一面，將有助於妳的人際關係。

女 巨蟹座 工作

對各種工作都表現興趣，但能長久持續的人並不多。

這也想做、那也想做，這是因爲年輕時還未充分瞭解自己。但一過二十五歲，就應該要決定自己的方向。

太過經常變換工作，會有負面的影響。多半是依直覺行動的人，因此，適合從事藝術、宗教相關的工作。

很討厭被別人命令，所以不適合在公司上班。就算在公司上班，最好找相合性佳的上司，找一個妳想要「爲他服務」的人。此外，妳也可以依照自己的興趣找工作。

女 巨蟹座 金錢

因爲妳的興趣很多，妳可以將錢花在學才藝或讀書方面。

看起來很會花錢，但意外的，妳卻是一個「節儉的人」。

不只是金錢，妳也有收集其他東西的習慣，也有人會兼具興趣與儲蓄，而收集金幣、金飾等保值的物品。

基本上，妳在金錢方面應該沒有什麼困擾。

女 巨蟹座 戀愛

只要喜歡對方，妳就會坐立難安，恨不得立刻衝到對方面前去。妳也有容易煩膩的一面。

當迷戀對方時，腦海裡便開始幻想，就好像是作夢般的戀情。

反之，失戀經驗也很豐富。談戀愛時，會非常認眞。當見到心儀的男性時，妳也許會主動過去和他說話，但大部分的人則是擅長運用技巧，透露自己的心意讓對方知道，讓他主動邀約自己。

在性愛方面，妳重視過程勝於實際的性愛。與其對方急忙將妳抱起，妳寧願幻想著「被擁抱」的心情。

女 巨蟹座 婚姻

關於婚姻，大部分人的想法都比較踏實。經濟安定及家人的感情是妳最重視的事情。

生活安定、沒有什麼大變化，只要和自己愛的人在一起就夠了。

尤其和喜歡小孩子的男性特別合得來。喜歡小孩的男性一般是屬於居家型的男人，這應該和妳潛在的家庭觀念是一樣的。另一方面，妳也有外向的一面，重視工作更勝於家庭，但妳有同時兼顧兩者的能力。

年輕時，積極追求社會關係的人，隨著歲月的增加，慢慢的也會以家庭爲重。

男

AB血型 巨蟹座

6月22日～7月22日

與B型的水瓶座或雙子座的女性相合性佳

男 巨蟹座

性格

容易流淚，情緒豐富，頭腦靈活。很體貼、親切，也很喜歡照顧別人。

多少也有三心二意的一面，一開始接觸時，也許會帶給別人「冷淡」的印象。

但是，內心卻是充滿溫情的，所以不要害怕，必須要將自己溫柔的一面完全表現出來。感性而又優雅，可以像藝術家一樣，確定自己的世界之後，就往自己的道路邁進。

男 巨蟹座

人際關係

對於第一印象不差的人，就會試著和他交往，而且能夠發揮自己與生俱來喜歡照顧別人的特性，慢慢的就會得到朋友的信賴。

但如果第一次見面就讓對方討厭，那

麼想要繼續交往就會很困難。而且處理得不好，還會受周圍人所孤立。

爲了不造成這種結果，必須時時提醒自己，要以愛心對待對方。

此外，不要懷有過高的警戒心。嫉妒或埋怨他人，到頭來損失的還是自己。

男 巨蟹座 工作

頭腦非常好，能活躍於商界。但起伏過於激烈，只會使好好的一塊璞玉受傷而已。

你具有與衆不同的構想，企畫能力很高。感覺非常敏銳，而且眼光很好，能比他人早一步看到前景。如果能發揮在生意方面，你一定會成功的。

就算不自己做生意，也可以從事對公司有貢獻的工作，如此你一定能夠在經濟方面獲得很大的利益。不只是自己，與周圍的人一同分享，才是最理想的。

請立刻辭去欺騙顧客的工作吧！

男 巨蟹座 金錢

對於金錢非常的乾脆，不會斤斤計較，使用金錢非常坦率。總而言之，你是不會被金錢污染的類型。

有些人和同事出去吃飯都不自己出錢，或者是向別人借錢遲遲不肯歸還，而你是和這種類型完全相反的人。只要一想到借出去的錢，對方不會歸還的話，再要好的朋友，你都不願意將錢出借的。

男 巨蟹座 戀愛

雖然是男性，但出乎預料之外的擁有童話故事般的感性，非常重視愛情的氣氛。和物質相比，你寧可相信眼睛看不見的愛情，你就是這麼浪漫的人。

不擅長團體的交際，愛情是一對一的，你多半是在周圍的人不知道的情況之下談起戀愛來。不管是公司或學校內的戀情，往往到結婚那天，周圍的朋友才知道。

因爲你的愛情強人一倍，所以在戀愛中非常溫柔。但有時你會突然想要冷靜下來，這就證明你的熱情已經轉冷了。

在性愛方面，你是屬於乾脆型。你喜歡稍微喝一點酒再上旅館。

男 巨蟹座 婚姻

對於婚姻的思考方式非常的謹愼，絕對不會隨隨便便地踏上結婚之路，所以晚婚的人很多。而這種類型的人，也許比較適合「相親結婚」。

此外，你很重視妻子和小孩的幸福，覺得這是自己的使命感。但是，有時候你承擔過多的責任，會被壓得喘不過氣來。不過，就算有這種感覺，也不要表現出來，這才是眞正的「男子漢」。

感情會面臨大波濤，在漫長的婚姻生活當中，歷經過幾次危機。但是你以家庭爲重，絕對不會踏上離婚之路。會以危機爲跳板，來維繫更堅強的婚姻關係。

女

AB血型

獅子座

7月23日～8月22日

與A型的魔羯座或處女座的男性相合性佳

女 獅子座 性格

是充滿能量的活潑女性，有清楚的自我主張，所以也許不是那麼受人歡迎。

此外，獨立心也很旺盛，不會聽別人所說的話。個性非常的激烈，總是走在自己堅信的道路之上。缺點就是不會踩煞車，最好凡事都謹慎點。

尤其是個人主義不是很確定的東方國家，這種傾向比較強，妳的個性是比較適合歐美的環境。

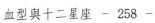

女 獅子座 人際關係

妳不喜歡干涉他人，同時也不喜歡被別人干涉。所以，妳會很希望有自由奔放的生活方式。

如果表現出傲慢、任性的態度，別人將會慢慢地離開妳，妳的孤獨感會越來越深。意志堅強、充滿自信，但也有害怕孤獨與寂寞的一面，所以千萬不可以傲慢！

欠缺協調性，在年輕的時候，妳會爲人際關係所苦。即使在公司或學校裡面，都會感到心情不好的人也不少。

女 獅子座 工作

很討厭被別人命令而從事工作，總是希望由自己去命令別人。因此，與其在公司上班，倒不如自己做生意。

因爲妳不管做什麼事情，都有容易厭煩的一面，所以常常換工作。妳必需時常提醒自己，要沈著、冷靜的從事目前的工作。

如果妳能發揮大姊頭的個性的話，那麼從事接待客人的工作一定能夠成功。也有人白天在公司上班，晚上兼差。

妳有多方位經營的才能，可以同時進出各種的領域。也建議妳從事與美感有關的流行設計，或者是攝影師。

女 獅子座 金錢

對於金錢格外謹愼，不會想要一步登天，而是一點一滴，孜孜不倦地累積財富型。妳也是追求夢想的類型，所以會爲了將來而投資，或者投資在對自己最有用的地方。

但是光是儲蓄，並不符合妳的個性，該使用的時候就要乾脆的使用。

女 獅子座 戀愛

在交往時，會想帶給男性幸福的感覺。感情搖擺得非常激烈，充滿了變化，會表現出婀娜多姿、賣弄風情的樣子，以激起男性的感情。本身也是對愛情狂熱的人，失戀的體驗也非常豐富。戀愛的次數越多，失戀的次數就越多，或許妳自己也想體驗這種失戀的空虛滋味。

事實上，妳是屬於積極追求者，因爲妳認爲「只要我一出聲音，男人就會跟著我」。妳這種態度也的確能夠吸引男性，但是有時也要顯現出謙虛的姿態。

性的感受度非常高，有時候也想向非常激烈的性愛挑戰。

女 獅子座 婚姻

出乎預料之外，只要妳想安定下來，就能過著安定的生活。但因爲妳的任性，而始終沒辦法安定下來。

關於結婚，妳的算計非常高。而且妳的理財觀念非常發達，所以會好好的算算看，結婚對自己而言到底是利還是弊？

當然，這也並非妳的錯，只是很多男性都不喜歡這種「精打細算」的人。男性有不管自己怎麼樣，卻要求女性對自己投注全部愛情的傾向。

結婚不是光靠著愛情就能進行得很完美，所以妳也不必硬要改變自己的想法，應該找最適合自己的男性。

男　AB血型　獅子座

7月23日～8月22日

與B型的魔羯座或處女座的女性相合性佳

Leo

男　獅子座　性格

充滿活力，卻又帶點孩子氣，即使長大之後，你還是維持著童年的頑皮搗蛋、任性撒嬌的性格，也許會惹來周圍不悅的眼光。但是你與生俱來就是有這種明朗的性格，所以能渡過一切難關。

頭腦很清楚、充滿活力，是屬於陽性的人，總是集各方焦點於一身。只要舉辦宴會，就是由你在帶動氣氛。

但是，有時會表現出傲慢的態度。

男　獅子座　人際關係

雖然渴望平淡的人際關係，但是你卻禁不起孤獨，希望每一個人都愛慕自己，希望自己的身邊圍繞著很多的人。但你也有不信任別人的一面。

就像山寨大王一樣，喜歡自己高高在

上，別人都像部屬，聽從自己的命令，這樣就會覺得很開心。爲了這種關係，你有時候又會故弄懸虛，虛張聲勢。但還是腳踏實地與人交往，才是長遠之計。

男 獅子座 工作

以獨斷的態度來從事工作，會受到周圍的反彈。但也沒必要完全妥協，只是你必須很巧妙地來協調人與人之間的關係。

你具有企畫力，能在新的領域當中奮勇前進。因此，非常適合加入開發新產品的行列。你也有成爲事業家的才能，追求光榮與名聲。你能辛勤的工作，但是有時候衝得太過度了，會令人喘不過氣來，必需要適度的踩煞車。

與其成爲大企業的主管，不如當個中小企業的老闆，才能夠讓你充分發揮。

男 獅子座 金錢

虛榮心重、講究華麗，所以用錢也很浪費。你就是受不了大家起鬨，當同事們一起去喝酒，如果現場的氣氛一熱絡起來，你甚至會包辦整場的花費，事後再來後悔。

你需要刻意的抑制自己這種金錢的花費。投機性的商品或賭博最好都不要碰。

男 獅子座 戀愛

你對於女性的好惡，表現得非常的明顯。遇到自己所喜歡的對象，就非常的積極，但遇到自己不喜歡的對象，就連和她接近的興趣都沒有。

你對戀人的表現非常直接，不會拐彎抹角。決定約會時，也不會考慮對方的情況，時間和地點都由你自己決定。

屬於溫順型的女孩子還好，但只要稍微有點自我主張的女性，就會覺得你非常的自大。不管女性多麼喜歡他，一旦對方不會爲自己著想，她就會討厭這個人。

性愛方面，也有爲所欲爲的一面，應該更重視女性。在確定和她非常地相愛之後再進行性愛，不要只顧著自己享樂。

男 獅子座 婚姻

在家庭裡，你也有獨裁的傾向。雖然你很不以爲然，但是，你總是想要支配對方，常在不知不覺中，就會以命令的語氣和對方說話。

現在已經沒有默默不說話，只是跟在丈夫後面的溫順女性了，勸你還是儘早改掉這種個性吧！

當然並不是說結婚之後就一定要和這個人廝守一輩子，但是……。

如果要使婚姻生活非常平順的話，那就需要有寬容的精神，夫妻之間都必須要互相接受對方。

男性的威嚴很重要，但是在威嚴當中，就要有寬容的態度，這樣子才會讓你更有魅力。不要只想支配你的妻子，也擁抱擁抱你的妻子吧！

女 AB血型 處女座

8月23日～9月23日

與A型的白羊座或獅子座的男性相合性佳

女 處女座 性格

妳有一點浮躁，欠缺安定性，但是妳的個性溫順，容易因爲一點點的小事而受傷，而且妳的個性有點神經質。

妳有太過於纖細的一面，最好能夠再大而化之一點。生活態度大體而言是健全的，對於新的事物非常的愼重，並不會貿然的去做什麼事情，會給予安全性、踏實性的事情多一點評價。

妳非常有禮貌、清潔、要求完美，但是太過於要求完美，有時會使壓力留置。

女 處女座 人際關係

妳有怕生的一面，所以要和不熟識的人交心，恐怕得多花一點時間，妳總是與對方保持距離，表現出自我防衛的本能。

請多多和妳認識的人進行交流、溝

通，控制自己，不要只對他人進行批判，多看看對方的優點。最重要的，不要和討厭的對象或感受性不相吻合的對象交往。

公司裡面也應該保持一定程度的交往，對於深入的交往，必須格外的謹愼。

女 處女座 工作

一般而言是屬於投入工作的類型，能夠將公事和私事區分得很淸楚。

妳很會將東西整理得一板一眼，有條不紊的。因此，適合從事與事務性、稅務性有關係的踏實性工作。也很適合從事與電腦有關係的工作，但是不可太投入。

多半是屬於善變、具有知性的人。這種人如果成爲敎師，或者是從事應用英語會話能力的貿易相關工作，應該能夠勝任得非常愉快；也很適合當秘書。

女 處女座 金錢

一般而言都是生活嚴謹的人，因此也不會揮霍金錢。

但是因爲妳是好人，也許會被壞男人所騙，需要特別的注意，不要隨隨便便對男人付出金錢。雖然太過於懷疑別人並不好，但在這個世界上有好人也有壞人，所以妳一定要嚴謹金錢的借貸。

女 處女座 戀愛

對於戀人會採取冷淡的態度，事後再來後悔。明明喜歡對方，卻不願意坦白表達，想要看看對方是不是眞的愛自己。

因爲妳認爲「如果眞正喜歡我的話，應該會原諒我做的任何事情」。

因此，妳會故意說一些對方不喜歡聽的話，結果這就變成妳失戀的原因了。

愛情最基本的要求，就是率直地表達出自己的情緒，喜歡對方，就表現出喜歡的心情。不要說得太露骨，但在態度上一定要表現出來，自然地傳達給對方知道。

關於性愛，妳有幼稚的一面，好像在辦家家酒似的，必須學習大人的性愛。

女 處女座　婚姻

妳是可愛的太太型，天眞無邪，會向丈夫撒嬌，盡量會多花點兒心力在家庭生活方面。妳沒有辦法在家庭和工作方面求得兩全，因此，不妨好好地下工夫掌控住丈夫，使家庭的氣氛更熱絡，也是一種不錯的生活方式。

現在的價值觀多樣化，職業婦女備受注目，但是沒有外出工作的女性的價值也不容忽視，並不是每一個人都要走在相同的道路上，況且要每一個人都這樣，也是不可能的。

我們應該尊重每個人的個性和運氣，這才是理想的社會。如果能夠將全部的心力放在自己的孩子、自己的丈夫身上，那也是不錯的。

妳可以經營經濟、安定的家庭生活，千萬不要總是放心不下，老惦記著什麼。

男

AB血型

處女座

8月23日～9月23日

與B型的白羊座或獅子座的女性相合性佳

男 處女座　性格

是知性的好青年，具備與周圍的協調性，但大部分人的本質是屬於孤獨的。

但也不能說是討厭別人，有時候表現出你的才氣，表現出能言善道的一面，也能增加你與他人之間的交流。

只不過，你很討厭拖拖拉拉的關係，在超越一定範圍之後，你就會想要一個人靜下來好好地思考。你也是感情豐富的人，感情非常細微、非常有規律，可以獲得周圍人的好感。

男 處女座　人際關係

你做事非常地認眞、非常地有禮貌，深受年長者的喜愛。對人的態度很好，很會調解人際關係間的糾紛。求知慾也非常地旺盛，因此，在知性方面有很多的朋友，可以成為精神上的糧食。

喜歡一個人獨處，最好是刻意地去找出談得來的朋友，交心的朋友非常重要。

因為太過於潔癖了，所以，造成其他人的反彈。只不過重視自己的個性也是很重要的。

男 處女座 工作

對於工作沒有野心，只要上司能滿意你所做的事情，就感覺到足夠了。而且對於發達、成功也不是很積極。

這樣子往往會使大好的機會逃掉了。所以有時在工作方面你必須要睜大眼睛，仔細地掌握機會。本質上並不適合當上班族，只要你有特殊的技能，乾脆自己出來創業，這也是年輕人的特權。

你很會寫文章，可以投稿，或者對電腦很擅長的人，也可以試著去當程式設計員。因為你沒有注意到你具有商業才能，重新再回頭審視自己，本來對於工作方面毫無意義的你，可以將你的才能充分地發揮出來，好好的做生意。

男 處女座 金錢

你是屬於比較內向的人，與其將錢花在華麗的衣著上面，或出去玩、或與同事聚餐，你寧可追求知性的活動，或與幾個好朋友之間的交流。

你覺得浪費金錢不只是金錢的損失而已，而且浪費人生最寶貴的時間。

男 處女座 戀愛

你不會自己積極主動的去追求對方，在愛情方面欠缺主體性。總是在對方對發出訊號之後，才會和對方交往。

而交往的方式也非常地乾脆，你不喜歡黏黏膩膩的關係，覺得在街上和對方手拉手或擁抱是非常可恥的。

你並不會積極的去尋找對象，會很自然的和身邊的人接近。如果是學生，就是同班同學；如果是員工的話，那麼就是同公司的女性最適合。

大部分的人都比較認眞，因此對於性愛也滿在行的。也有不少人喜歡在女性的引導之下享受性愛。

男 處女座 婚姻

因爲不擅長與女性交往，所以相親結婚也許比較適合你。

現在的年輕人喜歡一切的儀式從簡，因此，建議你們去參加團體結婚。

你和女性交往多半是以結婚爲目標。婚後你會非常的誠實，會以築起踏實的家庭爲目標，不會以隨隨便便的心態結婚。所以對於女性而言，你是令人安心的終生伴侶。

只不過在漫長的人生旅途當中，有時候還是會看到對方的缺點，這個時候，你往往會以批判的口吻來面對對方，這點需要特別地注意。

女 AB血型 天秤座

9月24日～10月23日

與A型的天蠍座或雙魚座的男性相合性佳

Libra

女 天秤座 性格

非常關心知性與美的知識，對於各種事情都顯得很有興趣。但是，妳絕不會狂熱的投入，會經常保持冷靜的心。

興趣廣泛，對於知性也非常的關心，愛講道理，卻是個非常可愛的女孩。做事往往只有三分鐘的熱度，缺乏持續力，對任何事情都非常好奇，但就是不精通。

自我意識非常強，總是希望衆人的焦點都集中在自己身上。但事實上，妳的本質是非常樸直的。

女 天秤座 人際關係

能很輕鬆和人交往，但卻表現冷淡的態度，好像對朋友不太在意，年輕時，朋友都會以爲妳是「冷漠的人」。但是，成天黏在一起絕對不是成熟，唯有保持適當的距離，必要時才能充分發揮本領。

很有氣質、知識也很豐富的妳，深獲年長男性的好感，在公司裡也很受上司欣賞，人緣非常好。請妳不要畏懼，好好利用妳的交際手腕吧！在人生的旅途中，若有人從背後支持也是很重要的。

女 天秤座　工作

做事非常俐落，因而深獲上司的信賴。只不過妳很討厭被命令，所以不適合在公司上班。自己發展事業，與妳的個性比較相合。

造型設計師、服裝設計師等藝術方面的工作比較適合妳。能夠發揮特長的工作，可以完全顯現妳的能力。

如果忽冷忽熱的三分鐘性格表現太過度的話，就會整天忙著找工作，固定不下來。經常換工作並不好，這樣會使妳缺乏踏實性，必須要特別的注意。

個性外向、具有知性才能，從事協調人際之間的工作也不錯，例如婚姻介紹所、諮商機構等。

女 天秤座　金錢

個性積極、外向，與其存錢，不如將錢花在更有意義的事情上面。

因爲妳的平衡感非常發達，所以不會有金錢方面的困擾。只要過度使用金錢之後，自己就會自動踩煞車，抑制這種浪費。妳是很有理財觀念的人。

女 天秤座 戀愛

迷戀安定、值得依賴的人，並會將對方理想化。妳幻想著兩個人的世界，因此，常忘了和對方保持距離，以致嘗到失戀的苦果。

此外，妳很習慣從周邊認識的人找尋對象，因此，妳的男友常常不是同班同學，就是公司的同事。試著拓展人際關係，不要把自己侷限在一個框框裡。

一旦喜歡上對方，妳就會積極的往前衝，但妳並不會主動出擊，而會等待男性的主動。妳屬於天眞浪漫型，但也具有吸引男性擁抱妳的魅力。尤其是被喜歡的對象親吻，妳將會無法抗拒。

女 天秤座 婚姻

婚後的夫妻感覺就像朋友、伴侶，會招待朋友來家裡玩，或和好幾家人一起去郊遊，是屬於開放性的家庭氣氛。

最好早一點爲了將來而計劃。具體而言，就是幾歲之前買房子、開一家餐廳、或者是到鄉下生活。不管什麼目標都好，只要有一個目標，妳就會向這個目標努力邁進。妳也可以想像一下要有幾個孩子等等，這樣子才能經營更幸福的婚姻生活，生活才會更有意義。

妳掌有家庭的主導權，但有時也要讓男性撐一下場面。究竟什麼時候該收？什麼時候該放？就需要靠妳去體會了。

男

AB血型 天秤座

9月24日～10月23日

與B型的天蠍座或雙魚座的女性相合性佳

男 天秤座

性格

很會說話，是腦筋轉得很快的人。日常生活很乾脆，具有美的意義。因爲語言能力非常強，所以有掌握人生細微部分的能力。能夠冷靜的分析他人，並和對方保持距離以研究對方。但若表現得太過度，會讓人認爲是「冷酷的人」。

因爲你的知性與美感非常發達，所以必須下意識的補強自己情的一面，對人應該親切一點。

男 天秤座

人際關係

你屬於社交家，不會隨隨便便說話，或講一些輕薄的話，而是很會與人相處，知性又幽默的人。

此外，你也很擅長冷靜的會話，所以瀰漫著一股成熟的氣息。這一點在年輕人看來，也許有些冷漠，往往會讓人認爲你是「沒有朋友的傢伙」。但是，隨著年齡的增長，這種沈穩的特質，會使你變成很値得信賴的人。一個人的性格，往往會隨著年齡的增加，而變成一個人的長處或短處。因此，即使你討厭自己的個性，也不要勉強自己去變換它。

男 天秤座 工作

外向、積極，很適合從事和營業有關係的工作。與其在一個團體工作，倒不如自己創業來得好。

因爲與生俱來的社交性，會使你在公司裡非常成功。因爲好勝心強，且重視榮譽，所以也會積極爭取成功的機會。盡量避免與他人競爭，才能夠帶來幸運。

與其在競爭激烈的領域工作，還不如從事只要努力就會成功，或者是能發揮美的能力工作。

此外，人生需要設定某種目標，在面對工作時，才能積極的投入。請想想十年、二十年以後的自己，然後再回來工作。

男 天秤座 金錢

大方一點，別太小家子氣。對服裝髮型不太在意的人，不妨試著變化造型看看。

女性通常會藉由換換髮型或服飾，來改變心情，或者是改變自己。男性朋友不妨試看看。你是屬於在金錢方面不會有困擾的類型。

男 天秤座 戀愛

很討厭和誰都能交往的女性，你欣賞的是能夠全心全意奉獻愛情的人。

這正是因爲瞭解自己具有容易煩膩，凡事都只是三分鐘熱度的性格，因而反過來要求對方。

你要求女友要誠實，但自己卻想自由自在的與各種女性交往。

如果對方知道你這種任性的個性，她也許就會逃之夭夭了。在約會時，你表現出幽默的一面，增加愉快的氣氛。也可以送女性喜歡的禮物，來掌握住她的心。

對於性愛，你十分乾脆，只要女性積極的要求，你就會有認眞的反應。

男 天秤座 婚姻

你不是大男人主義者，婚後是個愛家的好丈夫，會和妻子同心協力築起一個幸福的家。

應該選擇和你有著相同的思考模式、興趣的女性，才能過著幸福的生活。即使結婚之後，你們仍然能夠一起到美術館賞畫，一起去看電影。

並不一定要戀愛結婚，應該也要積極利用傳統的相親制度。

相親和談戀愛不一樣，相親是以結婚爲前提，所以不用浪費多餘的感情來了解對方，不妨一試！

女 AB血型 天蠍座

10月24日～11月22日

與A型的天秤座或雙子座的男性相合性佳

女 天蠍座 性格

沈靜、謹慎，非常有耐力，但內心卻是熱情洋溢。

雖然平常會靜靜的聽對方說話，但也有自己認爲很重要的世界，當該拒絕的時候，也會毫不留情的拒絕。

感受性非常敏銳，能夠以直覺來判斷事物。不喜歡內心被別人看透，希望擁有自己的秘密空間。與其對別人敞開心扉，不如好好培育心中的感性來得重要。

女 天蠍座 人際關係

一開始不適應與人相處，也許要花很大工夫，才能和對方成爲好朋友。一旦彼此交心，就會培養出終生互助的關係。隨著年齡的增長，更能體會這個意義，所以要在年輕時就找到屬於自己的好朋友。

無須煩惱自己的人際關係，與其煩惱東、煩惱西，還不如呈現最自然的自己，才能找到最投契的好朋友。

在學校或公司的人際關係，比社會上的人際關係要單純多了。因爲出了社會之後，也許只剩下表面上的交往了。

女 天蠍座 工作

不喜歡被命令，喜歡自己下決定。能夠一步一步，確實的實現自己的夢想。

在工作上，態度非常乾脆，不會有戲劇性的變化。有時會偷懶的向公司辭職，而到完全不同領域的公司去上班。

基本上屬於非常謹愼、穩當的人，能夠認眞完成被交付的工作。所以上司也會很放心的把工作交給妳。

進入食品公司的研究所去分析食品成分也不錯。對神秘世界有興趣的人，建議妳可以考慮當個占卜師。

變化比較激烈的人，也有從上班族，一變而爲民族舞蹈表演者的例子。

女 天蠍座 金錢

金錢感覺基本上是踏實的，會以存錢爲樂。

看到存摺裡面每天都有進帳，就會感到活著很有意義。

即使被別人認爲是「守財奴」，也覺得沒有關係。與其太在意他人的想法，不如好好重視自己的個性。

女 天蠍座 戀愛

具有一直等待以及託人行動的雙面性，和各種男性交往，也許可以使自己的個性更延伸，但是小心，玩得過度可能會被男性拋棄。

在天眞浪漫裡含有殘酷的一面，一旦墜入情網，這種性格就會激烈的爆發，周圍的事情都不看在眼裡！本質上屬於被動型，等待著男性的表現，也等待著戀愛的機會。

與其大夥兒一起聊天，妳寧願享受只有兩個人的世界。對性愛非常的淡薄，但是彈性很好，所以在對方的引導之下，妳一定能夠嘗到滿足的滋味。

女 天蠍座 婚姻

對婚姻非常謹愼，不會感到迷惘，會一步步愼重的往前進。如果對方不稍微推自己一下，妳是沒辦法下決定的。

忍耐力非常強，一旦進入家庭，即使有某種程度的不滿，也能夠巧妙的加以處理，是個「聰明的太太」。

爲了要使生活安定，經濟是最重要的因素，而妳也具有理財方面的能力。

對於男性而言，忍耐有一定限度的，超越這個限度，情緒就會爆發出來。只要雙方的感情出現裂痕之後，要再復合就很困難了。不要只扮演「聰明的太太」，婚後也應該和丈夫建立起良好的溝通模式。

男

AB血型 天蠍座

10月24日～11月22日

與B型的天秤座或雙子座的女性相合性佳

Scorpius

男 天蠍座 性格

穩健、謹慎，思慮非常的深。對人很好，是個有情有義的人。

頭腦清晰，具有自我省察的優點，但也會積極的表現感情出來。有時看來非常溫順，但有時候卻又會突然像獅子老虎般的猛烈，帶給周圍的人困擾。

擁有陰陽兩面性，時而開朗、時而陰沈，但多半的人比較喜歡陰沈的氣氛。

男 天蠍座 人際關係

喜歡孤獨，不擅長與人相處，無須勉強與他人交往。

然而良好的人際關係不是刻意創造出來的，而是自然形成的。

雖然你不主動和人來往，但你還是很受歡迎的，因爲有些人就是喜歡你這種安靜的味道，尤其會被上司所疼愛。

如果公司前輩邀約你的話，你不會斷然的拒絕，多半是保持沈默。雖然保持沈默，還是無損於你的人際關係。

男 天蠍座 工作

最好避免競爭激烈的工作，不適合營業員之類的職業。作爲營業員，必須要去開發未知的市場，或造訪各個客戶，對你而言都是不適合的。即使剛開始你會做得很好，但是長時間下來會有很大的壓力，對你的精神方面很不好。

能夠在沒有野心的領域中發揮你的力量，從事平淡工作的同時，你也能夠非常的投入。

你一點也不華麗，而且身負使命感，因此，深獲上司的信賴。此外，你很會探究事物，具備研究者的特質，能夠充分發揮集中力與觀察力，而有嶄新的發現。

男 天蠍座 金錢

你把錢管理得非常好，是踏實的儲蓄類型。但對金錢並不執著，多半是屬於沒錢有沒錢的過法的人。

尤其是年輕的時候，與其積極的存錢，倒不如將資金投注在公衆或人際關係方面。

男 天蠍座 戀愛

你認爲自己不會對於愛情太過於投

入，但是一旦遇到自己喜歡的女性，你甚至會拋下手邊的工作，沈溺於愛情當中。也許你外表看起來非常冷淡，但內心卻是燃燒著熊熊熱情。

你的獨佔慾非常強，不喜歡團體性的交往，更不喜歡介紹戀人給朋友認識，只希望能和對方好好享受共處的時光。

當情緒化的時候，也許會出現暴力的舉動。有些男性，當愛情出現變化時，就會出現暴力的傾向，但他們卻不知道，女性最討厭這種暴力了！

你性愛的態度是重質不重量，而會集中全部的精力於某次性愛中。

對於女性非常體貼，絕對不會只求自己滿足就好了的人。

男　天蠍座　婚姻

不會主動向對方求婚，會觀察女性的態度，確定對方會說ＯＫ，才會展開求婚攻勢。雖然現在是男女平等的社會，但是求婚還是由男性來做比較好。

遇到喜歡的人，就應該提起勇氣，乾脆的向對方表白。

最近相親結婚備受重視，你也可以考慮看看。相親結婚和戀愛不一樣，因爲相親是以結婚爲前提的交往，所以彼此所談的不只是感情而已，而會以將來的展望爲目標，研究兩個人共同的遠景。

婚後能夠經營安定的家庭生活，但是要注意，夫妻間互相尊重也很重要。

女

AB血型 射手座

11月23日～12月21日

與A型的魔羯座或金牛座男性相合性佳

Sagittarius

女 射手座 性格

對於新事物或流行非常的敏感，會積極的投入其中。充滿好奇心，但是稍微缺乏持久性。妳認爲每一個領域都應該涉足，但是不用太深。然而，有時候穩定下來，好好面對一項工作也是很重要的。

妳很討厭束縛，喜歡自由自在的生活。對於細微的事情並不太在意，是屬於樂天派的。心情好和心情不好的時候差異非常大，妳是屬於翻臉跟翻書一樣快的人。優越感是妳最大的缺點。

女 射手座 人際關係

不太聽別人的話，偶爾也會任性而爲。前一秒妳還有如火焰般的熱情，但才眨個眼，卻又冷卻了下來。妳這種雙重個性，讓周圍的人感到很困擾。

但是基本上個性是開朗、開放的，很少一個人待著，總是有無數的人圍繞在妳的身邊，顯現出非常熱鬧的氣氛。

在公司，自尊心也非常強，會不聽上司的話，在上司的眼中，妳是個痲煩的人物。但是妳也很懂得四兩撥千斤的方法。

女 射手座 工作

不太沈著，無法長期待在一個工作崗位上。一般而言，隨隨便便換工作並不好，但是遇到不適合的工作，一直忍耐的做下去也很痛苦。多半是積極、獨立心旺盛的人，不適合被別人命令的工作。適合參與和自己興趣、特長有關係的工作。

在妳喜歡的工作崗位上，即使別人不要求你，妳也能表現得非常好。但是對於自己所討厭的工作，就會使妳難得的開朗性格顯得陰暗。因此，無論如何，「做喜歡的事」都是優先考慮之道！

具有正義感及服務熱忱，除了工作以外，加入助人的義工也不錯。

女 射手座 金錢

妳的興趣很多，而且好奇心很旺盛，會因興趣而花很多錢，是屬於不會存什麼錢的人。

妳的浪費和虛榮心和別人差不多，與其將現金帶在身上，不如將錢花在自己想要買的衣服或飾品上面，使自己更充實，而洋溢在幸福的氣氛當中。

女 射手座 戀愛

屬於和對方一見面就能交心的人，基本上妳是積極派，會主動表現。

與其等待男性追求，不如自己主動出擊更能滿足妳。多半是親切可愛的女性，一直有很多男性主動獻殷勤。有時候明知對方的心意，但是妳也會裝作不知道，表現出一副天眞無邪、單純的樣子，刻意不去重視男性的內心。

妳屬於自然派，會不斷變換戀人，因此失戀的經驗也很多。當妳變得經驗豐富之後，成熟的女性魅力就會顯現出來。

妳很討厭單一形式的性愛，而喜歡積極的嘗試各種花樣。

女 射手座 婚姻

雖然會有大變化，但妳的適應能力很強，所以皆能一一克服。生活非常安定，能經營不錯的家庭生活。希望與男性之間維持平等的關係。洗衣、煮飯、打掃等家庭工作，都希望由夫妻一起來承擔。但事情並不會像妳想像的那麼順利！

妳可以向男性撒撒嬌，要他挑一項他最拿手的工作。現在的男性都很喜歡做家事，甚至比女性還會打掃，還會洗衣服。此外，也有很多的男性精於烹飪之道，各大餐廳不都是「男廚師」較多嗎？

希望你們能夠經營一個彼此獨立、自由，內心又互相連結的婚姻生活。

男

射手座 AB血型

11月23日～12月21日

與B型的魔羯座或金牛座的女性相合性佳

男 射手座 性格

頭腦很好，是個很聰明的人。具有柔軟性，絕對不會囉囉唆唆的，做事非常乾脆，即使面對困難也能很巧妙的度過，不斷地往前衝。

希望能夠自由自在的依照自己的步調生活，所以不太聽他人的話。天性非常的樂觀，因此，深受大家的歡迎。具有好奇心，在各方面都能做得很好。有忽冷忽熱的一面，一般而言沒有辦法持續。

男 射手座 人際關係

充滿魅力的言詞，使周圍的人都感到非常快樂。不喜歡黏黏膩膩的朋友關係，你認爲自然的交往，可以使自己開心，也才可以創造最好的人際關係。

雖然開朗的性格與年齡沒什麼關連，

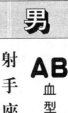

但太過於輕浮就沒辦法受人信賴。因此，該壓抑時，應適度的控制自己。這樣，隨著年齡的增長，你才會更受人歡迎。

自由的交往和爲所欲爲是不一樣的，必須要考慮到對方的心情，尤其是平等的交往關係。

男 射手座　工作

不適合一成不變，單調反覆的工作，在這種工作崗位上，絕對沒有辦法持續長久的，因此，你應該要換工作！

你應該累積工作經驗再來換工作比較好。如果只是因爲對這件工作厭煩了的理由來換工作，對你來講是很不利的。一旦養成這種習慣之後，就沒辦法掌握幸運。能以換工作爲契機，而有大大的進步。

充分發揮思緒的工作，將使你的能力展現無遺。與其只從事一項工作，倒不如另外再找一個副業。只要將構想和企劃力表現出來，就能夠在生意上成功。不妨向自己的可能性挑戰吧！

男 射手座　金錢

不太有金錢慾，有多少就花多少，就算沒錢也不在乎，總覺得沒錢有沒錢的過法。通常在發薪日之前，錢就花完了，會向朋友借錢，或到女友家吃飯。

總而言之，你的生活力很旺盛，雖然金錢不足，但是你具有忍耐力與堅持力，一定能夠度過難關。

男 射手座

戀愛

你有一見鍾情的熱情，遇到自己喜歡的女性就會發出信號試探，甚至會送對方昂貴的禮物，以虛榮的表現來搏取對方的注意。雖然送禮物給喜歡的人，自己也會感到很高興，但是如果太過於勉強的話，對女性來說也是一種負擔。

你絕對沒有想要獨佔對方的念頭，而崇尚談自由的戀愛，避免彼此付出，因此交往好像有點「冷淡」。

在性愛方面，即使缺乏持久力，你也會以技巧掩蓋過去。非常熱心於研究，所以不會讓女性覺得無聊。但是有時候過於變化，也會讓人覺得不舒服。

男 射手座

婚姻

因爲太過重視自由戀愛，所以遲遲沒有辦法走進結婚禮堂。尤其在二十歲左右，沒有辦法決定結婚，總認爲結婚是束縛的代名詞，你很討厭這種感覺。

其實，並不是結婚之後就沒有自由，如果彼此能互相尊重對方，而以伴侶的感覺共同生活，你們還是可以過得很自由。你應該去尋找這樣的對象，而不是一味的否定婚姻。

婚後如果能夠持續朋友般的關係，不要太過於干涉，一定可以擁有安定的家庭生活。太過於依賴型的女性並不適合你，獨立心強的成熟女性比較適合你。

女 AB血型 魔羯座

12月22日～1月20日

與A型的水瓶座或雙子座的男性相合性佳

女 魔羯座 性格

具備安定與活動的一面，精力非常的旺盛，但有時會突然安靜下來仔細思考。當別人覺得妳已經靜下來的時候，妳卻又會突然打理、變換自己的心情。

在別人的眼中，妳是令人捉摸不定的女性。但本質上，妳不會表現得太過激烈，而會很有分寸的控制自己，表現出很有教養的一面。容易感傷，但這也正是女性魅力所在。

女 魔羯座 人際關係

妳不會和初次見面的人立刻成爲好朋友，而會和對方保持距離，一點一滴的親近，好像對人懷有警戒心。

給人的感覺有點冷漠，但是只要心與心交流之後，妳就能夠維持很長久的友誼。即使交友的範圍不廣，但能築起非常有深度的人際關係。

如果只會情緒化的大吐苦水，發洩妳的不滿，也許周圍的好朋友就會離妳遠去，這一點需要特別的注意！

女 魔羯座 工作

工作非常俐落，能夠很有效率的完成分內的事。因爲能夠認眞做好被交付的工作，所以深受上司的信賴。

富有正義感，對社會非常關心，當有災害發生的時候，會投入義工的救災行列幫助他人。

若碰到得一直坐在那邊，或是其他妳不喜歡的單調工作，妳就會不斷的跳槽。

當老師、保母、護士都不錯，也願意做看護老人的辛苦工作。這些正是現在社會最需要的工作，建議妳多多加油！

有耐力，而且很用功，應該早點發掘妳一生的事業。

女 魔羯座 金錢

個性堅定，很會買東西，很少有衝動購買的情形。有時候也會出現並不是很需要，卻很想買的東西。

這個時候，與其在那邊東想西想，倒不如乾脆買一雙鞋子。

穿上新的鞋子，頭髮也整理一番之後，就可以紓解妳的壓力。

女 魔羯座 戀愛

雖然妳不覺得當單身女郎有甚麼不好，但每當聽朋友聊起男友，或是在雜誌上看到愛情專欄的時侯，妳也會幻想著自己也有一個很好的愛人。

空想是很寂寞的，最後一定會後悔，愛情是屬於一瞬間的藝術，不是用頭腦來思考的。對於愛情的敏感度要夠高，才能認清楚自己是否眞的喜歡對方。

不可以有單純、可愛、天眞浪漫的想法，應該要成熟的交往。對於性愛非常淡薄，只有在對方的領導之下，自己的感受性才會提高。妳特別喜歡對方親密的愛撫，及溫柔撫摸妳的頭髮。

女 魔羯座 婚姻

以非常謹愼的眼光來評斷男性，很愼重的挑選對象，和談戀愛的標準完全不同。妳覺得婚姻是戀情的延續，必須要很仔細的挑選和自己相處一輩子的人。

雖然談戀愛時非常快樂，但是結婚之後就未必如此了。經濟安定還是有必要的，應該盡量避免選擇那些只會玩，或經常換工作的人。

不管如何，安定的家庭生活是大多數人所期待的。因此，選腳踏實地、誠實、認眞的男性才是最重要的。婚後會當個好太太，在家相夫敎子。但熱愛工作的妳，也有在家庭和工作求得兩全的能力。

男 AB血型 魔羯座

12月22日～1月20日

與B型的水瓶座或雙子座的女性相合性佳

Capricornus

男 魔羯座 性格

性格規規矩矩而認眞，也有活潑的一面，處理事情非常的俐落有效率。

對於社會的關心度很高，看起來非常樸直，但必要時也會出現很迅速的反應，而且可以說出自己的意見。

有堅定、踏實、安定的一面，所以平衡感很好。只要調和得好，一定會得到很好的評價。但也有難以相處的時候，如果因而交友範圍狹窄的話，將會被社會所孤立，需要特別的注意！

男 魔羯座 人際關係

給人的第一印象非常冷酷，讓人覺得很不好相處。對任何事情都非常在意，可能也會影響你與人的交往。不要太過於意識他人，應該先想想該如何和人相處。

不可能和所有人都平等的交往，因爲人際關係本來就有親疏之分，和某些人可以親密交往，但和某些人就必須要保持距離。如果沒有這種取捨的話，是不會有眞正的關係產生的。

不要客氣，必須要有自己的主張。

男 魔羯座 工作

做起事匆匆忙忙，馬馬虎虎的，但還不至於太過莽撞。有合理性的思考，能將公事和私事分得很清楚。

說起有野心，那也是魔羯座固有的野心。能夠踏實，一步一步的累積成績，有建設性的往前進，而不是光芒四射的類型。例如，想成爲廚師的人，必須很踏實的磨練技術，才能夠達到目標。不是那種能開各種連鎖店，將事業擴展得很大的類型。

雖然並不是什麼大事業、大財團的財主，但多半是很努力的人，所以，也能有水平以上的成績，可算是在平凡中閃耀光輝。

男 魔羯座 金錢

即使沒有錢也能夠生存，當然不可能連一塊錢都沒有吧？在下個月的薪水還沒有發之前，就會乖乖待在家裡，是具有生活力的類型。

你的思考方法非常踏實，不會借錢揮霍，而會在自己薪水的範圍內消費。

男 魔羯座 戀愛

你對愛情很消極，不會主動去追求女性，更不會隨隨便便向女孩子搭訕。所以戀愛的對象，多半是在學校或公司裡認識的女性。

在交往之前，有將女性過度理想化的傾向。也許在交往過一陣子之後，你就會感到失望了。

一般不建議將現實的感覺加入愛情當中，但對你而言卻是有必要的。不要只在頭腦中打轉，必須要很認眞分析眼前的這位女性，觀察她的魅力所在。

你喜歡很乾脆的性愛，但因爲對象的不同，有時候也會讓你感覺到不滿足。

男 魔羯座 婚姻

如果嘗過失戀痛苦，也許要再結婚就比較困難了。這種人不是先戀愛再結婚，而是先結婚再戀愛。換句話說，也就是「相親結婚」。

但你仍然希望由自己來尋找終身伴侶。所以有過失戀的痛苦後，你也會開始去尋找眞正使自己安定的人。

「相親」就是這種手段之一，你可以好好的利用。

婚後的你能夠發揮男人的責任感，絕對不會讓妻兒煩惱。具有忍耐力，在漫長婚姻生活中，一定可以跨越所有夫婦都可能面對的危機。

女

AB血型、水瓶座

1月21日～2月18日

與A型的巨蟹座或雙魚座的男性相合性佳

Aquarius

女 水瓶座

性格

具有知性，富於批判的精神，屬於現代女性。稍微愛講小道理，但是這個缺點會被妳與生俱來的天真無邪所掩蓋，所以也不會讓對方感到討厭。

妳的行動開朗、率直，周圍的人都能感覺到妳的朝氣。另一方面，妳也是講理的人，有時候會讓人家感覺到很冷淡，欠缺溫柔。每一個人都有不同的價值觀，能夠彼此信賴的關係是最理想的。妳與眾不同之處正洋溢著神秘的魅力。

女 水瓶座

人際關係

很討厭干涉他人，同樣也不喜歡被別人干涉，因此看起來有點冷漠。這也許對妳很不利，但基本上妳是個很重視朋友的溫柔女性。

妳很瞭解如何和對方保持適當距離，不造成黏黏膩膩的關係，而是君子之交淡如水的境界。在重要的時候，妳能發揮友情，幫助朋友。

對於不熟識的朋友，妳無法立即敞開心扉，但是妳會試著慢慢培育友情。

有時因爲不太注意上下的關係，所以會造成年長者的反感，需要特別注意！

女 水瓶座 工作

辦事手腳俐落，但很討厭被人命令。獨立心強，稍微缺乏協調性。與其加入團體組織當中，不如應用自己的技能創業，過著非常光明的人生。

如果反覆出現相同的事情，妳會感到很厭煩。妳比較適合經常變化的工作。

與其做一個平凡的公務員，還比不上做一個爲他人占卜的算命師。和藝術有關的設計家、漫畫家等職業，都能夠充分發揮妳的想像力。只要將眼光稍微轉個方向，可以從事的工作是無限的。不要迷惘、不要猶豫，多往各方面的觸角去延伸！

女 水瓶座 金錢

對各種事物都十分有興趣。許多人希望讓自己很忙碌，因此，金錢的花費自然也就大了。其中也有很多是屬於交際費。

不屬於會存錢的類型。因爲妳工作能力不錯，所以，也不至於到沒有錢花的地步。與其節儉的儲蓄，不如好好的享受生活。

女 水瓶座 戀愛

嚮往天眞無邪的浪漫愛情，但有時候會在不知不覺中傷害到對方。談戀愛並不是一個人就能夠成就的事，必須要考慮對方的心情，談個成熟的戀愛。

也許妳會談幾好次戀愛，但是都無法持續長久。因爲在妳不注意的地方，會顯現出妳的任性，因此，沒有辦法掌握住男性的心。事實上，男性比女性想像中的還要單純，戀愛經驗豐富的女性，必定能巧妙控制男性的這種心理。

基本上，妳對性的態度很淡薄的。但偶爾也會有心血來潮的時候，這時就會有非常激烈的性愛。

女 水瓶座 婚姻

妳認爲喜歡一個人，只要能和他一起生活就夠了，何必受婚姻的拘束呢？

不會拘泥於所謂的適婚年齡，二十歲結婚是結婚，四十歲結婚也是結婚，只不過是生活方式罷了！妳不是那種會看到別人結婚，自己就想結婚的人。

選擇早婚的原因，多半是考慮到要生小孩。就醫學的觀點來說，太高齡的女性生產危險性較高，最好不要超過四十歲。

結婚的對象最好是價值觀相同的人。價值觀和性格是不一樣的，性格不同也許還能生活在一起，但是想法不同的話，就沒有辦法每天生活在一起了。

男

AB血型 水瓶座

1月21日～2月18日

與B型的巨蟹座或雙魚座的女性相合性佳

Aquarius

男 水瓶座 性格

頭腦轉得快，觀察力非常敏銳。常做出一些奇怪的行動，也許在別人的眼中是個怪人，但是你重視獨特更勝於平凡。

只不過要特別注意，不要離世俗的框框太遠。如果表現得太過於特立獨行或反抗，也許會被一般人所排斥。

開朗，有良好的社交手腕，但也有自己的思想，有不容被扭曲的固執，這也是一種個性。與其過著枯燥無味的人生，寧可選擇具有獨創性、有意義的豐富人生。

男 水瓶座 人際關係

能夠合理的思考，冷靜的處理人際關係。即使是對你有恩的人，請求你的協助，若實在無法辦到，你也會很坦白的婉拒對方。因而有時會被認爲是無情無義的人，使他人敬而遠之。

不是個容易商量的人，但是只要認爲是對的，你就會去幫助對方。

眞正的友誼不是因爲配合對方而得的，而是因兩個人的氣味相投而產生的。

男 水瓶座 工作

不會將重心放在工作，你在工作以外的研究，以及自己的興趣中，會更感覺到人生的意義。例如，有人喜歡畫畫，有人喜歡讀佛書，和別人有著不同的價值觀。

在能使自己的想法、企劃能力發揮出來的工作，就能發揮出你的能力。沒有辦法一直從事固定形態的工作，總是要求變化，期待栩栩如生、活動性的工作。

在生意界，建議你從事與廣告、貿易相關的工作。不要太過於重視是不是能夠出人頭地，做自己快樂的事情才是最重要的。除了本業外，找個副業也不錯。

男 水瓶座 金錢

愛人生更勝於金錢，會爲了花錢而賺錢，不會爲了存錢而賺錢。

對於金錢很淡薄，和朋友出去吃飯或約會，費用都由自己來付。到月底才發現身上沒錢了，也並不以爲苦。如果表現吝嗇的話，只會使壓力滯留心中而已。

男 水瓶座 戀愛

雖然長相與性格是很大的因素，但是

你認爲價值觀是否相近，或是講話是不是投機比較重要。

你認爲戀愛與年齡毫無關係，會和廣泛年齡層的女性陷入熱戀之中。尤其和自己完全不同職業或喜好的人，你特別有興趣。也許你並沒有意識到正在和女性交往，但是你會想要去瞭解你所不知道的世界。

約會時，你不會帶對方到自己喜歡的店裡去，你會配合她想去的地方。你很討厭複雜的思考，喜歡輕輕鬆鬆的交往。

性愛方面也非常乾脆，對性慾比較強烈的女孩子來說，你大概沒辦法讓她們滿足。但不少人即使在床上也很談得來。

男 水瓶座 婚姻

彼此保有獨立性，在必要時又能夠互相的配合，協助家庭，這是最理想的。但是，每個人有每個人的想法，所以在現實生活中，也許進展得不是那麼順利，對於婚姻最好不要抱有不切實際的幻想。

大多數的人在現實生活中都非常謹愼，絕不會因爲一時的激情，而踏入結婚禮堂。你很討厭被婚姻所束縛，認爲結婚之後，自由就被限制住了。所以到了關鍵時刻，你總會自我節制，不踏出最後的一步，因此多半較晚婚。

你要找到好對象，就必須和許多女性交往。在論及婚嫁時，彼此的個性是否合得來，比性愛來得重要。遇到眞正談得來的女性，她也許就成爲你的終身伴侶。

女 AB血型 雙魚座

2月19日～3月20日

與A型的天秤座或水瓶座的男性相合性佳

女 雙魚座 性格

是在夢想與現實之間來回的女性。雖然說是女性，但還存有一絲幼稚，總是流露出一種天眞無邪、可愛的氣息。

感受性非常敏銳，多半是非常敏感的人。如果太過於表現出自己的獨特性以及個性，就會被視爲是奇怪的人。也有第六感非常強的人。有時候看似非常文靜，突然又會聒噪起來。感情的起浮非常激烈，非常的情緒化。

稍微愛講小道理，但是，妳並不是用頭腦思考，而是用肌膚感覺的感覺派。

女 雙魚座 人際關係

想與對方打開心扉暢談，恐怕需要多花一點時間。妳會和對方保持固定的距離之後，再來確定自己的位置。

多半是感情豐富的人，一旦人際關係出現摩擦，就會顯得非常焦急與煩惱。如果態度不表現清楚的話，也許對方就會深入妳的內心。所以當妳感覺不舒服時，一定要有說「ＮＯ」的勇氣。

有人拜託妳幫忙，即使非常不願意，妳還是沒有辦法拒絕對方。也許是妳太過溫柔了，但這也正是妳的魅力所在。

女 雙魚座 工作

有神秘的傾向，多半的人都會被占卜、超現實、乖離的現象所吸引。

因此，很多人選擇算命師、靈媒、偵探、作家等等獨特的職業。

但因缺乏體力，且忽冷忽熱，與其在一個領域中貫徹到底，不如在各項有關的分野下手。

愛唱歌、能作詞作曲，擅長畫畫也會演戲，又能經營商店，能發揮妳的多才多藝。如果成功的話那還好，如果做得不太好，反而每件事情都是半途而廢，這點需要特別的注意。

女 雙魚座 金錢

與其存錢，更想要有使用金錢的快樂。因爲對於各種事情都有興趣，往往會有衝動購買的情形出現。

是不願被金錢綁住的性格，如果能更有計劃的使用金錢，會花得更有效能。當不需要花錢時，就應該把荷包看緊！

女 雙魚座 戀愛

妳喜歡秘密談戀愛，在隱密的戀情當中，可以使人的熱情燃燒起來。也許外表看來，妳是個冷漠的人，但是一談起戀愛，任何人都會熱情洋溢的。

基本上，妳不會主動去追求男性。從小時候起，妳就一直在等待夢中的白馬王子出現。但現實和夢想往往是有段差距。也許乍看之下，妳會覺得他是很無聊的男性，但眞談起戀愛來，卻是很棒的對象。因此多和幾位男性交往，才能找出眞正適合妳的人。

在性愛方面有稍微壓抑的一面。多向男性撒撒嬌，會燃起激烈的火花的！

女 雙魚座 婚姻

妳不會主動的想踏入結婚的框框中，因此有男性強硬引導的必要。這時，男性就會表現得和戀愛時不一樣了。本來覺得他是非常親切、溫柔的好人，事實上他卻是優柔寡斷而又膽小的男人。也只有在談論婚嫁時，才能了解這一點。

尤其是在決定結婚典禮、宴客地點或新居佈置的時候，彼此的意見往往會互相衝突。因此，從你們在討論宴客的場所這件事開始，妳就可以想像今後你們會過什麼樣的婚姻生活。

妳的個性不喜歡爭鬥，只要男性眞的有心想要領導妳，妳還是會跟著他走的。

男 AB血型 雙魚座

2月19日～3月20日

與B型的天秤座或水瓶座的女性相合性佳

Pisces

男 雙魚座 性格

你是感受性敏銳，頭腦非常好的人，能夠注意到對方的心情而臨機應變。

思考方式非常獨特，感性而又非常冷靜。稍微有點神經質，有時會拘泥於細微的小事情，應該以大而化之、不拘小節的態度來面對事情才對。

對人有強烈的好奇心，是個心理家，能夠憑著感覺來判斷事情。在思考事情時，你是感性重於理性的人。

不光是小時候，即使長大成人，仍然會持續著追求夢想的心情。

男 雙魚座 人際關係

看起來好像不難相處，但相處之後就會覺得你是個「好人」。

你並不喜歡把人際關係想得太複雜，

喜歡維持清清爽爽的人際關係。但是在現實生活裡面，卻進行得不是那麼順利。你沒有必要犧牲自己的感性去配合對方，因爲交往本來就應該是平等的。

但是，在公司或生意的場合，就不是這個樣子了。因爲利害關係使然，當然人與人也會改變，儘你所能維持樸直的人際關係。

男 雙魚座 工作

不喜歡競爭，所以不適合競爭激烈的商場。建議你在穩健的職場，從事對人有幫助的工作。

即使不出人頭地也沒關係，並非偉大才是人生。這個世界也需要沒有野心而默默做事的人。你的個性有一點忽冷忽熱，渴望在工作範圍之內，能有所變化。

對於心理學或潛在意識很有興趣，因此有人適合擔任臨床心理師、諮商員或顧問等等。

人的心理是很難控制的，越是要深入一個人的內心，越是會毀壞精神的平衡。有人甚至因此依賴藥物，或放蕩成性，這都需要特別的注意！

男 雙魚座 金錢

多半的人不喜歡忙忙碌碌的過生活，所以手上也不會有大筆金錢。

喜歡賭博的人千萬不要太過於投入，你是右手進左手出的人，如果勉強借貸的話，只會給自己帶來困擾而已。凡事都要懂得適可而止，才能夠平安順利。

男 雙魚座 戀愛

不會積極向女性求愛，往往有壓抑自己的一面。

有時候會將對方的姿態任意的膨脹，變成一種幻想的愛情。

對於女性，你也有懦弱的一面，總希望對方像母親一般地照顧你。對戀人有過多的期待，也許會被人討厭。

雖然談戀愛是很麻煩的，但你也有必要讓對方表現她原本的自己。

你對性愛非常乾脆，具有體貼的心，是能夠和對方一起享受的人，你不會只講求自己滿足就好了。

男 雙魚座 婚姻

很少主動求婚，多半是女性比較積極。從談戀愛到決定結婚花較多的時間，卻遲遲無法進展，令女性非常焦急。你稍微有點優柔寡斷，希望能改正過來。

不乾脆，是面對婚姻時最忌諱的。你必須爲對方著想，因爲模稜兩可的態度，只會在各方面起衝突而已。

例如，你總覺得和相親的對象合不來，但這又是對你有恩的人介紹的對象，所以到最後還是會決定和她結婚。很意外的，第一印象往往會表現出眞實的一面，你需要擔心往後會發生什麼問題了！

大展出版社有限公司
品冠文化出版社

圖書目錄

地址：台北市北投區(石牌)
致遠一路二段 12 巷 1 號
郵撥：01669551＜大展＞
19346241＜品冠＞
電話：(02) 28236031
28236033
28233123
傳真：(02) 28272069

・熱門新知・品冠編號 67

1. 圖解基因與 DNA　中原英臣主編　230 元
2. 圖解人體的神奇（精）　米山公啟主編　230 元
3. 圖解腦與心的構造（精）　永田和哉主編　230 元
4. 圖解科學的神奇（精）　鳥海光弘主編　230 元
5. 圖解數學的神奇（精）　柳 谷 晃著　250 元
6. 圖解基因操作（精）　海老原充主編　230 元
7. 圖解後基因組（精）　才園哲人著　230 元
8. 圖解再生醫療的構造與未來　才園哲人著　230 元
9. 圖解保護身體的免疫構造　才園哲人著　230 元
10. 90 分鐘了解尖端技術的結構　志村幸雄著　280 元
11. 人體解剖學歌訣　張元生主編　200 元

・名人選輯・品冠編號 671

1. 佛洛伊德　傅陽主編　200 元
2. 莎士比亞　傅陽主編　200 元
3. 蘇格拉底　傅陽主編　200 元
4. 盧梭　傅陽主編　200 元
5. 歌德　傅陽主編　200 元
6. 培根　傅陽主編　200 元
7. 但丁　傅陽主編　200 元
8. 西蒙波娃　傅陽主編　200 元

・圍棋輕鬆學・品冠編號 68

1. 圍棋六日通　李曉佳編著　160 元
2. 布局的對策　吳玉林等編著　250 元
3. 定石的運用　吳玉林等編著　280 元
4. 死活的要點　吳玉林等編著　250 元
5. 中盤的妙手　吳玉林等編著　300 元
6. 收官的技巧　吳玉林等編著　250 元
7. 中國名手名局賞析　沙舟編著　300 元
8. 日韓名手名局賞析　沙舟編著　330 元

・象棋輕鬆學・品冠編號 69

1.	象棋開局精要	方長勤審校	280 元
2.	象棋中局薈萃	言穆江著	280 元
3.	象棋殘局精粹	黃大昌著	280 元
4.	象棋精巧短局	石鏞、石煉編著	280 元

・生活廣場・品冠編號 61

1.	366 天誕生星	李芳黛譯	280 元
2.	366 天誕生花與誕生石	李芳黛譯	280 元
3.	科學命相	淺野八郎著	220 元
4.	已知的他界科學	陳蒼杰譯	220 元
5.	開拓未來的他界科學	陳蒼杰譯	220 元
6.	世紀末變態心理犯罪檔案	沈永嘉譯	240 元
7.	366 天開運年鑑	林廷宇編著	230 元
8.	色彩學與你	野村順一著	230 元
9.	科學手相	淺野八郎著	230 元
10.	你也能成為戀愛高手	柯富陽編著	220 元
12.	動物測驗—人性現形	淺野八郎著	200 元
13.	愛情、幸福完全自測	淺野八郎著	200 元
14.	輕鬆攻佔女性	趙奕世編著	230 元
15.	解讀命運密碼	郭宗德著	200 元
16.	由客家了解亞洲	高木桂藏著	220 元

・血型系列・品冠編號 611

1.	A 血型與十二生肖	萬年青主編	180 元
2.	B 血型與十二生肖	萬年青主編	180 元
3.	0 血型與十二生肖	萬年青主編	180 元
4.	AB 血型與十二生肖	萬年青主編	180 元
5.	血型與十二星座	許淑瑛編著	230 元

・女醫師系列・品冠編號 62

1.	子宮內膜症	國府田清子著	200 元
2.	子宮肌瘤	黑島淳子著	200 元
3.	上班女性的壓力症候群	池下育子著	200 元
4.	漏尿、尿失禁	中田真木著	200 元
5.	高齡生產	大鷹美子著	200 元
6.	子宮癌	上坊敏子著	200 元
7.	避孕	早乙女智子著	200 元
8.	不孕症	中村春根著	200 元
9.	生理痛與生理不順	堀口雅子著	200 元

10. 更年期　野末悅子著　200 元

・傳統民俗療法・品冠編號 63

1. 神奇刀療法　潘文雄著　200 元
2. 神奇拍打療法　安在峰著　200 元
3. 神奇拔罐療法　安在峰著　200 元
4. 神奇艾灸療法　安在峰著　200 元
5. 神奇貼敷療法　安在峰著　200 元
6. 神奇薰洗療法　安在峰著　200 元
7. 神奇耳穴療法　安在峰著　200 元
8. 神奇指針療法　安在峰著　200 元
9. 神奇藥酒療法　安在峰著　200 元
10. 神奇藥茶療法　安在峰著　200 元
11. 神奇推拿療法　張貴荷著　200 元
12. 神奇止痛療法　漆 浩 著　200 元
13. 神奇天然藥食物療法　李琳編著　200 元
14. 神奇新穴療法　吳德華編著　200 元
15. 神奇小針刀療法　韋丹主編　200 元
16. 神奇刮痧療法　童佼寅主編　200 元
17. 神奇氣功療法　陳坤編著　200 元

・常見病藥膳調養叢書・品冠編號 631

1. 脂肪肝四季飲食　蕭守貴著　200 元
2. 高血壓四季飲食　秦玖剛著　200 元
3. 慢性腎炎四季飲食　魏從強著　200 元
4. 高脂血症四季飲食　薛輝著　200 元
5. 慢性胃炎四季飲食　馬秉祥著　200 元
6. 糖尿病四季飲食　王耀獻著　200 元
7. 癌症四季飲食　李忠著　200 元
8. 痛風四季飲食　魯焰主編　200 元
9. 肝炎四季飲食　王虹等著　200 元
10. 肥胖症四季飲食　李偉等著　200 元
11. 膽囊炎、膽石症四季飲食　謝春娥著　200 元

・彩色圖解保健・品冠編號 64

1. 瘦身　主婦之友社　300 元
2. 腰痛　主婦之友社　300 元
3. 肩膀痠痛　主婦之友社　300 元
4. 腰、膝、腳的疼痛　主婦之友社　300 元
5. 壓力、精神疲勞　主婦之友社　300 元
6. 眼睛疲勞、視力減退　主婦之友社　300 元

·休閒保健叢書·品冠編號 641

1.	瘦身保健按摩術	聞慶漢主編	200 元
2.	顏面美容保健按摩術	聞慶漢主編	200 元
3.	足部保健按摩術	聞慶漢主編	200 元
4.	養生保健按摩術	聞慶漢主編	280 元
5.	頭部穴道保健術	柯富陽主編	180 元
6.	健身醫療運動處方	鄭寶田主編	230 元
7.	實用美容美體點穴術＋VCD	李芬莉主編	350 元

·心 想 事 成·品冠編號 65

1.	魔法愛情點心	結城莫拉著	120 元
2.	可愛手工飾品	結城莫拉著	120 元
3.	可愛打扮 & 髮型	結城莫拉著	120 元
4.	撲克牌算命	結城莫拉著	120 元

·健康新視野·品冠編號 651

1.	怎樣讓孩子遠離意外傷害	高溥超等主編	230 元
2.	使孩子聰明的鹼性食品	高溥超等主編	230 元
3.	食物中的降糖藥	高溥超等主編	230 元

·少 年 偵 探·品冠編號 66

1.	怪盜二十面相	（精）	江戶川亂步著	特價	189 元
2.	少年偵探團	（精）	江戶川亂步著	特價	189 元
3.	妖怪博士	（精）	江戶川亂步著	特價	189 元
4.	大金塊	（精）	江戶川亂步著	特價	230 元
5.	青銅魔人	（精）	江戶川亂步著	特價	230 元
6.	地底魔術王	（精）	江戶川亂步著	特價	230 元
7.	透明怪人	（精）	江戶川亂步著	特價	230 元
8.	怪人四十面相	（精）	江戶川亂步著	特價	230 元
9.	宇宙怪人	（精）	江戶川亂步著	特價	230 元
10.	恐怖的鐵塔王國	（精）	江戶川亂步著	特價	230 元
11.	灰色巨人	（精）	江戶川亂步著	特價	230 元
12.	海底魔術師	（精）	江戶川亂步著	特價	230 元
13.	黃金豹	（精）	江戶川亂步著	特價	230 元
14.	魔法博士	（精）	江戶川亂步著	特價	230 元
15.	馬戲怪人	（精）	江戶川亂步著	特價	230 元
16.	魔人銅鑼	（精）	江戶川亂步著	特價	230 元
17.	魔法人偶	（精）	江戶川亂步著	特價	230 元
18.	奇面城的秘密	（精）	江戶川亂步著	特價	230 元
19.	夜光人	（精）	江戶川亂步著	特價	230 元

20. 塔上的魔術師　（精）江戶川亂步著　特價 230 元
21. 鐵人Q　（精）江戶川亂步著　特價 230 元
22. 假面恐怖王　（精）江戶川亂步著　特價 230 元
23. 電人M　（精）江戶川亂步著　特價 230 元
24. 二十面相的詛咒　（精）江戶川亂步著　特價 230 元
25. 飛天二十面相　（精）江戶川亂步著　特價 230 元
26. 黃金怪獸　（精）江戶川亂步著　特價 230 元

・武　術　特　輯・大展編號 10

1. 陳式太極拳入門　馮志強編著　180 元
2. 武式太極拳　郝少如編著　200 元
3. 中國跆拳道實戰 100 例　岳維傳著　220 元
4. 教門長拳　蕭京凌編著　150 元
5. 跆拳道　蕭京凌編譯　180 元
6. 正傳合氣道　程曉鈴譯　200 元
7. 實用雙節棍　吳志勇編著　200 元
8. 格鬥空手道　鄭旭旭編著　200 元
9. 實用跆拳道　陳國榮編著　200 元
10. 武術初學指南　李文英、解守德編著　250 元
11. 泰國拳　陳國榮著　180 元
12. 中國式摔跤　黃　斌編著　180 元
13. 太極劍入門　李德印編著　180 元
14. 太極拳運動　運動司編　250 元
15. 太極拳譜　清・王宗岳等著　280 元
16. 散手初學　冷　峰編著　200 元
17. 南拳　朱瑞琪編著　180 元
18. 吳式太極劍　王培生著　200 元
19. 太極拳健身與技擊　王培生著　250 元
20. 秘傳武當八卦掌　狄兆龍著　250 元
21. 太極拳論譚　沈　壽著　250 元
22. 陳式太極拳技擊法　馬　虹著　250 元
23. 二十四式/三十二式 太極 拳/劍　闞桂香著　180 元
24. 楊式秘傳 129 式太極長拳　張楚全著　280 元
25. 楊式太極拳架詳解　林炳堯著　280 元
26. 華佗五禽劍　劉時榮著　180 元
27. 太極拳基礎講座：基本功與簡化 24 式　李德印著　250 元
28. 武式太極拳精華　薛乃印著　200 元
29. 陳式太極拳拳理闡微　馬　虹著　350 元
30. 陳式太極拳體用全書　馬　虹著　400 元
31. 張三豐太極拳　陳占奎著　200 元
32. 中國太極推手　張　山主編　300 元
33. 48 式太極拳入門　門惠豐編著　220 元
34. 太極拳奇人奇功　嚴翰秀編著　250 元

35. 心意門秘籍	李新民編著	220 元
36. 三才門乾坤戊己功	王培生編著	220 元
37. 武式太極劍精華＋VCD	薛乃印編著	350 元
38. 楊式太極拳	傅鐘文演述	200 元
39. 陳式太極拳、劍 36 式	闞桂香編著	250 元
40. 正宗武式太極拳	薛乃印著	220 元
41. 杜元化＜太極拳正宗＞考析	王海洲等著	300 元
42. ＜珍貴版＞陳式太極拳	沈家楨著	280 元
43. 24 式太極拳＋VCD	中國國家體育總局著	350 元
44. 太極推手絕技	安在峰編著	250 元
45. 孫祿堂武學錄	孫祿堂著	300 元
46. ＜珍貴本＞陳式太極拳精選	馮志強著	280 元
47. 武當趙堡太極拳小架	鄭悟清傳授	250 元
48. 太極拳習練知識問答	邱丕相主編	220 元
49. 八法拳 八法槍	武世俊著	220 元
50. 地趟拳＋VCD	張憲政著	350 元
51. 四十八式太極拳＋DVD	楊 靜演示	400 元
52. 三十二式太極劍＋VCD	楊 靜演示	300 元
53. 隨曲就伸 中國太極拳名家對話錄	余功保著	300 元
54. 陳式太極拳五功八法十三勢	闞桂香著	200 元
55. 六合螳螂拳	劉敬儒等著	280 元
56. 古本新探華佗五禽戲	劉時榮編著	180 元
57. 陳式太極拳養生功＋VCD	陳正雷著	350 元
58. 中國循經太極拳二十四式教程	李兆生著	300 元
59. ＜珍貴本＞太極拳研究	唐豪・顧留馨著	250 元
60. 武當三豐太極拳	劉嗣傳著	300 元
61. 楊式太極拳體用圖解	崔仲三編著	400 元
62. 太極十三刀	張耀忠編著	230 元
63. 和式太極拳譜＋VCD	和有祿編著	450 元
64. 太極內功養生術	關永年著	300 元
65. 養生太極推手	黃康輝編著	280 元
66. 太極推手祕傳	安在峰編著	300 元
67. 楊少侯太極拳用架真詮	李璉編著	280 元
68. 細說陰陽相濟的太極拳	林冠澄著	350 元
69. 太極內功解祕	祝大彤編著	280 元
70. 簡易太極拳健身功	王建華著	180 元
71. 楊氏太極拳真傳	趙斌等著	380 元
72. 李子鳴傳梁式直趟八卦六十四散手掌	張全亮編著	200 元
73. 炮捶 陳式太極拳第二路	顧留馨著	330 元
74. 太極推手技擊傳真	王鳳鳴編著	300 元
75. 傳統五十八式太極劍	張楚全編著	200 元
76. 新編太極拳對練	曾乃梁編著	280 元
77. 意拳拳學	王薌齋創始	280 元
78. 心意拳練功竅要	馬琳璋著	300 元

・國際武術競賽套路・大展編號 103

1.	長拳	李巧玲執筆	220 元
2.	劍術	程慧琨執筆	220 元
3.	刀術	劉同為執筆	220 元
4.	槍術	張躍寧執筆	220 元
5.	棍術	殷玉柱執筆	220 元

・簡化太極拳・大展編號 104

1.	陳式太極拳十三式	陳正雷編著	200 元
2.	楊式太極拳十三式	楊振鐸編著	200 元
3.	吳式太極拳十三式	李秉慈編著	200 元
4.	武式太極拳十三式	喬松茂編著	200 元
5.	孫式太極拳十三式	孫劍雲編著	200 元
6.	趙堡太極拳十三式	王海洲編著	200 元

・導引養生功・大展編號 105

1.	疏筋壯骨功＋VCD	張廣德著	350 元
2.	導引保建功＋VCD	張廣德著	350 元
3.	頤身九段錦＋VCD	張廣德著	350 元
4.	九九還童功＋VCD	張廣德著	350 元
5.	舒心平血功＋VCD	張廣德著	350 元
6.	益氣養肺功＋VCD	張廣德著	350 元
7.	養生太極扇＋VCD	張廣德著	350 元
8.	養生太極棒＋VCD	張廣德著	350 元
9.	導引養生形體詩韻＋VCD	張廣德著	350 元
10.	四十九式經絡動功＋VCD	張廣德著	350 元

・中國當代太極拳名家名著・大展編號 106

1.	李德印太極拳規範教程	李德印著	550 元
2.	王培生吳式太極拳詮真	王培生著	500 元
3.	喬松茂武式太極拳詮真	喬松茂著	450 元
4.	孫劍雲孫式太極拳詮真	孫劍雲著	350 元
5.	王海洲趙堡太極拳詮真	王海洲著	500 元
6.	鄭琛太極拳道詮真	鄭琛著	450 元
7.	沈壽太極拳文集	沈壽著	630 元

・古代健身功法・大展編號 107

1.	練功十八法	蕭凌編著	200 元

2.	十段錦運動	劉時榮編著	180 元
3.	二十八式長壽健身操	劉時榮著	180 元
4.	三十二式太極雙扇	劉時榮著	160 元
5.	龍形九勢健身法	武世俊著	180 元

・太極跤/格鬥八極系列・大展編號 108

1.	太極防身術	郭慎著	300 元
2.	擒拿術	郭慎著	280 元
3.	中國式摔角	郭慎著	350 元
11.	格鬥八極拳之小八極<全組手篇>	鄭朝烜著	250 元

・輕鬆學武術・大展編號 109

1.	二十四式太極拳(附 VCD)	王飛編著	250 元
2.	四十二式太極拳(附 VCD)	王飛編著	250 元
3.	八式十六式太極拳(附 VCD)	曾天雪編著	250 元
4.	三十二式太極劍(附 VCD)	秦子來編著	250 元
5.	四十二式太極劍(附 VCD)	王飛編著	250 元
6.	二十八式木蘭拳(附 VCD)	秦子來編著	250 元
7.	三十八式木蘭扇(附 VCD)	秦子來編著	250 元
8.	四十八式木蘭劍(附 VCD)	秦子來編著	250 元

・原地太極拳系列・大展編號 11

1.	原地綜合太極拳 24 式	胡啟賢創編	220 元
2.	原地活步太極拳 42 式	胡啟賢創編	200 元
3.	原地簡化太極拳 24 式	胡啟賢創編	200 元
4.	原地太極拳 12 式	胡啟賢創編	200 元
5.	原地青少年太極拳 22 式	胡啟賢創編	220 元
6.	原地兒童太極拳 10 捶 16 式	胡啟賢創編	180 元

・名師出高徒・大展編號 111

1.	武術基本功與基本動作	劉玉萍編著	200 元
2.	長拳入門與精進	吳彬等著	220 元
3.	劍術刀術入門與精進	楊柏龍等著	220 元
4.	棍術、槍術入門與精進	邱丕相編著	220 元
5.	南拳入門與精進	朱瑞琪編著	220 元
6.	散手入門與精進	張山等著	220 元
7.	太極拳入門與精進	李德印編著	280 元
8.	太極推手入門與精進	田金龍編著	220 元

・實用武術技擊・大展編號 112

1.	實用自衛拳法	溫佐惠著	250 元
2.	搏擊術精選	陳清山等著	220 元
3.	秘傳防身絕技	程崑彬著	230 元
4.	振藩截拳道入門	陳琦平著	220 元
5.	實用擒拿法	韓建中著	220 元
6.	擒拿反擒拿 88 法	韓建中著	250 元
7.	武當秘門技擊術入門篇	高翔著	250 元
8.	武當秘門技擊術絕技篇	高翔著	250 元
9.	太極拳實用技擊法	武世俊著	220 元
10.	奪凶器基本技法	韓建中著	220 元
11.	峨眉拳實用技擊法	吳信良著	300 元
12.	武當拳法實用制敵術	賀春林主編	300 元
13.	詠春拳速成搏擊術訓練	魏峰編著	280 元
14.	詠春拳高級格鬥訓練	魏峰編著	280 元
15.	心意六合拳發力與技擊	王安寶編著	220 元
16.	武林點穴搏擊秘技	安在峰編著	250 元
17.	鷹爪門擒拿術	張星一著	300 元

・中國武術規定套路・大展編號 113

1.	螳螂拳	中國武術系列	300 元
2.	劈掛拳	規定套路編寫組	300 元
3.	八極拳	國家體育總局	250 元
4.	木蘭拳	國家體育總局	230 元

・中華傳統武術・大展編號 114

1.	中華古今兵械圖考	裴錫榮主編	280 元
2.	武當劍	陳湘陵編著	200 元
3.	梁派八卦掌（老八掌）	李子鳴遺著	220 元
4.	少林 72 藝與武當 36 功	裴錫榮主編	230 元
5.	三十六把擒拿	佐藤金兵衛主編	200 元
6.	武當太極拳與盤手 20 法	裴錫榮主編	220 元
7.	錦八手拳學	楊永著	280 元
8.	自然門功夫精義	陳懷信編著	500 元
9.	八極拳珍傳	王世泉著	330 元
10.	通臂二十四勢	郭瑞祥主編	280 元
11.	六路真跡武當劍藝	王恩盛著	230 元
12.	祁家通背拳	單長文編著	550 元
13.	尚派形意拳械抉微 第一輯	李文彬等著	280 元

・少林功夫・ 大展編號 115

1. 少林打擂秘訣　德虔、素法編著　300 元
2. 少林三大名拳 炮拳、大洪拳、六合拳　門惠豐等著　200 元
3. 少林三絕 氣功、點穴、擒拿　德虔編著　300 元
4. 少林怪兵器秘傳　素法等著　250 元
5. 少林護身暗器秘傳　素法等著　220 元
6. 少林金剛硬氣功　楊維編著　250 元
7. 少林棍法大全　德虔、素法編著　250 元
8. 少林看家拳　德虔、素法編著　250 元
9. 少林正宗七十二藝　德虔、素法編著　280 元
10. 少林瘋魔棍闡宗　馬德著　250 元
11. 少林正宗太祖拳法　高翔著　280 元
12. 少林拳技擊入門　劉世君編著　220 元
13. 少林十路鎮山拳　吳景川主編　300 元
14. 少林氣功秘集　釋德虔編著　220 元
15. 少林十大武藝　吳景川主編　450 元
16. 少林飛龍拳　劉世君著　200 元
17. 少林武術理論　徐勤燕等著　200 元
18. 少林武術基本功　徐勤燕編著　200 元
19. 少林拳　徐勤燕編著　230 元
20. 少林羅漢拳絕技 拳功卷　高翔主編　230 元
21. 少林羅漢拳絕技 實戰卷　高翔主編　250 元
22. 少林常用器械　徐勤燕編著　230 元
23. 少林拳對練　徐勤燕編著　200 元
24. 少林器械對練　徐勤燕編著　200 元
25. 嵩山俞派金剛門少林強身內功　李良根著　220 元

・迷蹤拳系列・ 大展編號 116

1. 迷蹤拳（一）＋VCD　李玉川編著　350 元
2. 迷蹤拳（二）＋VCD　李玉川編著　350 元
3. 迷蹤拳（三）　李玉川編著　250 元
4. 迷蹤拳（四）＋VCD　李玉川編著　580 元
5. 迷蹤拳（五）　李玉川編著　250 元
6. 迷蹤拳（六）　李玉川編著　300 元
7. 迷蹤拳（七）　李玉川編著　300 元
8. 迷蹤拳（八）　李玉川編著　300 元

・截拳道入門・ 大展編號 117

1. 截拳道手擊技法　舒建臣編著　230 元
2. 截拳道腳踢技法　舒建臣編著　230 元
3. 截拳道擒跌技法　舒建臣編著　230 元

4.	截拳道攻防技法	舒建臣編著	230 元
5.	截拳道連環技法	舒建臣編著	230 元
6.	截拳道功夫匯宗	舒建臣編著	230 元

・少林傳統功夫漢英對照系列・大展編號 118

1.	七星螳螂拳－白猿獻書	耿軍著	180 元
2.	七星螳螂拳－白猿孝母	耿軍著	180 元
3.	七星螳螂拳－白猿獻果	耿軍著	180 元
4.	七星螳螂拳－插捶	耿軍著	180 元
5.	七星螳螂拳－梅花路	耿軍著	200 元
6.	七星小架	耿軍著	180 元
7.	梅花拳	耿軍著	180 元
8.	燕青拳	耿軍著	180 元
9.	羅漢拳	耿軍著	200 元
10.	炮拳	耿軍著	220 元
11.	看家拳(一)	耿軍著	180 元

・武術武道技術・大展編號 119

1.	日本合氣道－健身與修養	王建華等著	220 元
2.	現代跆拳道運動教學與訓練	王智慧編著	500 元
3.	泰拳基礎訓練讀本	舒建臣編著	330 元

・道學文化・大展編號 12

1.	道在養生：道教長壽術	郝勤等著	250 元
2.	龍虎丹道：道教內丹術	郝勤著	300 元
3.	天上人間：道教神仙譜系	黃德海著	250 元
4.	步罡踏斗：道教祭禮儀典	張澤洪著	250 元
5.	道醫窺秘：道教醫學康復術	王慶餘等著	250 元
6.	勸善成仙：道教生命倫理	李剛著	250 元
7.	洞天福地：道教宮觀勝境	沙銘壽著	250 元
8.	青詞碧簫：道教文學藝術	楊光文等著	250 元
9.	沈博絕麗：道教格言精粹	朱耕發等著	250 元

・易學智慧・大展編號 122

1.	易學與管理	余敦康主編	250 元
2.	易學與養生	劉長林等著	300 元
3.	易學與美學	劉綱紀等著	300 元
4.	易學與科技	董光壁著	280 元
5.	易學與建築	韓增祿著	280 元
6.	易學源流	鄭萬耕著	280 元

7.	易學的思維	傅雲龍等著	250 元
8.	周易與易圖	李申著	250 元
9.	中國佛教與周易	王仲堯著	350 元
10.	易學與儒學	任俊華著	350 元
11.	易學與道教符號揭秘	詹石窗著	350 元
12.	易傳通論	王博著	250 元
13.	談古論今說周易	龐鈺龍著	280 元
14.	易學與史學	吳懷祺著	230 元
15.	易學與天文學	盧央著	230 元
16.	易學與生態環境	楊文衡著	230 元
17.	易學與中國傳統醫學	蕭漢明著	280 元
18.	易學與人文	羅熾等著	280 元
19.	易學與數學奧林匹克	歐陽維誠著	280 元

・神 算 大 師・大展編號 123

1.	劉伯溫神算兵法	應涵編著	280 元
2.	姜太公神算兵法	應涵編著	280 元
3.	鬼谷子神算兵法	應涵編著	280 元
4.	諸葛亮神算兵法	應涵編著	280 元

・鑑 往 知 來・大展編號 124

1.	《三國志》給現代人的啟示	陳羲主編	220 元
2.	《史記》給現代人的啟示	陳羲主編	220 元
3.	《論語》給現代人的啟示	陳羲主編	220 元
4.	《孫子》給現代人的啟示	陳羲主編	220 元
5.	《唐詩選》給現代人的啟示	陳羲主編	220 元
6.	《菜根譚》給現代人的啟示	陳羲主編	220 元
7.	《百戰奇略》給現代人的啟示	陳羲主編	250 元

・秘傳占卜系列・大展編號 14

1.	手相術	淺野八郎著	180 元
2.	人相術	淺野八郎著	180 元
3.	西洋占星術	淺野八郎著	180 元
4.	中國神奇占卜	淺野八郎著	150 元
7.	法國式血型學	淺野八郎著	150 元
8.	靈感、符咒學	淺野八郎著	150 元
10.	ESP 超能力占卜	淺野八郎著	150 元
11.	猶太數的秘術	淺野八郎著	150 元
13.	塔羅牌預言秘法	淺野八郎著	200 元

大展好書　好書大展
品嘗好書　冠群可期

·趣味心理講座·大展編號 15

1. 性格測驗（1） 探索男與女	淺野八郎著	140 元
2. 性格測驗（2） 透視人心奧秘	淺野八郎著	140 元
3. 性格測驗（3） 發現陌生的自己	淺野八郎著	140 元
4. 性格測驗（4） 發現你的真面目	淺野八郎著	140 元
5. 性格測驗（5） 讓你們吃驚	淺野八郎著	140 元
6. 性格測驗（6） 洞穿心理盲點	淺野八郎著	140 元
7. 性格測驗（7） 探索對方心理	淺野八郎著	140 元
8. 性格測驗（8） 由吃認識自己	淺野八郎著	160 元
9. 性格測驗（9） 戀愛的心理	淺野八郎著	160 元
10. 性格測驗（10）由裝扮瞭解人心	淺野八郎著	160 元
11. 性格測驗（11）敲開內心玄機	淺野八郎著	140 元
12. 性格測驗（12）透視你的未來	淺野八郎著	160 元
13. 血型與你的一生	淺野八郎著	160 元
14. 趣味推理遊戲	淺野八郎著	160 元
15. 行為語言解析	淺野八郎著	160 元

·婦 幼 天 地·大展編號 16

1. 八萬人減肥成果	黃靜香譯	180 元
2. 三分鐘減肥體操	楊鴻儒譯	150 元
3. 窈窕淑女美髮秘訣	柯素娥譯	130 元
4. 使妳更迷人	成　玉譯	130 元
7. 早產兒袋鼠式護理	唐岱蘭譯	200 元
9. 初次育兒 12 個月	婦幼天地編譯組	180 元
10. 斷乳食與幼兒食	婦幼天地編譯組	180 元
11. 培養幼兒能力與性向	婦幼天地編譯組	180 元
12. 培養幼兒創造力的玩具與遊戲	婦幼天地編譯組	180 元
14. 腿部苗條健美法	婦幼天地編譯組	180 元
15. 女性腰痛別忽視	婦幼天地編譯組	150 元
16. 舒展身心體操術	李玉瓊編譯	130 元
17. 三分鐘臉部體操	趙薇妮著	160 元
18. 生動的笑容表情術	趙薇妮著	160 元
19. 心曠神怡減肥法	川津祐介著	130 元
20. 內衣使妳更美麗	陳玄茹譯	130 元
22. 高雅女性裝扮學	陳珮玲譯	180 元
23. 蠶糞肌膚美顏法	梨秀子著	160 元
24. 認識妳的身體	李玉瓊譯	160 元
25. 產後恢復苗條體態	居理安·芙萊喬著	200 元
26. 正確護髮美容法	山崎伊久江著	180 元
27. 安琪拉美姿養生學	安琪拉蘭斯博瑞著	180 元
28. 女體性醫學剖析	增田豐著	220 元
29. 懷孕與生產剖析	岡部綾子著	180 元

大展好書　好書大展
品嘗好書　冠群可期